Desenvolvimento Cognitivo

SEUS FUNDAMENTOS CULTURAIS E SOCIAIS

Dados Internacionais de Catalogação na Publicação (CIP)
(Câmara Brasileira do Livro, SP, Brasil)

Luria, Alexander Roimanovich, 1902-1977
   Desenvolvimento Cognitivo: seus fundamentos culturais e sociais / A. R. Luria; tradução de Fernando Limongeli Gurgueira — 8ª edição — São Paulo : Ícone, 2017.
   Bibliografia.
   ISBN 978-85-274-0988-9

   1. Aculturação 2. Cognição 3. Personalidade e Cultura 4. Psicologia — União Soviética 5. Vygotsky, Lev Semenovich, 1896-1934 I. Título.

90-1301   CDD — 153.4
                                                    — 150.9247
                                                    — 150.947
                                                    — 155.2
                                                    — 303.482

Índices para catálogo sistemático:

1. Aculturação: Sociologia   303.482

2. Cognição: Psicologia   153.4

3. Personalidade e cultura: Psicologia individual   155.2

4. União Soviética: Psicologia   150.947

5. União Soviética: Psicologia: Biografia e obra   150.9247

A. R. Luria

Desenvolvimento Cognitivo

SEUS FUNDAMENTOS CULTURAIS E SOCIAIS

8ª edição

Ícone
editora

© Copyright 2017
Ícone Editora Ltda.

Capa
Marco Antônio Rozas

Diagramação
Regina Paula Tiezzi

Revisão
Luiz Roberto Malta

Produção
Maria Assunta Espejo

Traduzido para o português por:
Luiz Mena Barreto
Marta Kohl Oliveira
Miriam M. M. de Andrade
Regina Heloisa Maciel

Revisão Técnica
Maria Thereza Fraga Rocco
Maria Ednéia M. M. de Andrade

Proibida a reprodução total ou parcial desta obra, de qualquer forma ou meio eletrônico, mecânico, inclusive por meio de processos xerográficos, sem permissão do editor (Lei nº 9.610/98).

Todos os direitos reservados pela
ÍCONE EDITORA LTDA.
Rua Javaés, 589 – Bom Retiro
CEP: 01130-010 – São Paulo/SP
Fone/Fax: (11) 3392-7771
www.iconeeditora.com.br
iconevendas@iconeeditora.com.br

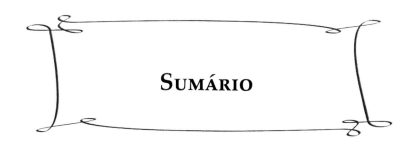

Sumário

Prefácio 7

Prólogo — *Michael Cole* 11

1. O Problema 19

2. Percepção 43

3. Generalização e Abstração 79

4. Dedução e Inferência 157

5. Raciocínio e Solução de Problemas 181

6. Imaginação 207

7. Autoanálise e Autoconsciência 221

Conclusão 247

Referência Bibliográficas 253

PREFÁCIO

A história deste livro é um pouco fora do comum. Todo seu material de observações foi coletado nos anos de 1931 e 1932, durante a reestruturação mais radical da União Soviética: a eliminação do analfabetismo, a transição para uma economia coletivista e o realinhamento da vida pelos novos princípios socialistas. Este período ofereceu uma oportunidade única para observar quão decisivamente todas essas reformas causaram não apenas uma abertura de horizontes, mas também produziram mudanças radicais na estrutura do processo cognitivo.

A tese marxista-leninista segundo a qual todas as atividades cognitivas humanas fundamentais tornam forma na matriz da história social, produzindo assim o desenvolvimento sócio-histórico, foi aprofundada por L. S. Vygotsky de modo a servir como base de grande parte da pesquisa soviética em psicologia. Entretanto, nenhuma dessas investigações foi suficientemente completa ou abrangente de forma a verificar diretamente as teses marxistas. O programa experimental descrito neste livro foi concebido como resposta a esta situação e a partir de uma sugestão de Vygotsky.

Fizemos nossas pesquisas nas regiões mais remotas do Uzbequistão e Kirghizia, nas *"kishlaks"*[1] (vilarejos) e

---

(1) NT: Os termos em russo na versão em inglês serão mantidos.

"dzahailaus" (terras de pastoreio nas montanhas). Contudo, nossos esforços também teriam tido sucesso semelhante nas regiões mais remotas da Rússia europeia, entre os povos do norte ou nos acampamentos nômades do nordeste da Sibéria Apesar dos altos níveis de criatividade na ciência, arte e arquitetura atingidos pela cultura tradicional do Uzbequistão, as massas viviam há séculos na estagnação econômica e no analfabetismo, tendo seu desenvolvimento bloqueado entre outros fatores pela religião islâmica. Apenas a reestruturação radical da economia, a eliminação rápida do analfabetismo e a remoção da influência muçulmana poderiam produzir, além da expansão da visão de mundo, uma autêntica revolução na atividade cognitiva.

Nossos dados indicam as mudanças decisivas que podem ocorrer na transição de métodos de pensamento gráfico e funcional — concreto e prático — para modos mais teóricos e abstratos introduzidos por alterações fundamentais das condições sociais, neste caso fruto da transformação socialista de toda uma cultura. Assim, as observações experimentais serviram para esclarecer um aspecto da atividade cognitiva humana que tem recebido pouca atenção dos cientistas, mas que corrobora a dialética do desenvolvimento social.

Hoje eu sei bem que alguns progressos na coleta de dados em psicologia podem garantir a pesquisa moderna uma metodologia mais apurada e um sistema conceitual mais adequado. Porém, o ineditismo das mudanças sociais profundas e rápidas que ocorriam no momento em que nossas observações eram feitas justifica minha decisão, acredito, de publicar esta pesquisa na forma em que os dados foram coletados.

Este livro contrasta com um grande número de estudos "culturológicos" realizados fora da União Soviética nas décadas de 1940 e 1950. Alguns desses estudos, de autores reacionários, tentam aplicar teorias "raciais" aos dados com a finalidade de demonstrar a "inferioridade" de indivíduos. Outros trabalhos limitam-se à descrição de diferenças entre processos cognitivos encontradas em culturas "atrasadas", frequentemente referindo-se a visões de mundo mais restritas, sem investigar as características específicas da estrutura psicológica da atividade cognitiva dessas culturas, sem estabelecer vínculos entre tais características e as formas básicas da vida social e, escusado dizer, sem o acompanhamento das mudanças rápidas e fundamentais que ocorrem quando essas formas sofrem reestruturação radical (tenta-se apenas adaptar esses povos a "cultura ocidental").

Tenho plena consciência de que, no livro, os vários capítulos são apresentados de forma desigual; alguns detalhes são tratados adequadamente, outros apenas delineados. A razão, no entanto, de ter publicado todos os capítulos, é contribuir com material para pesquisas futuras neste campo.

Tenho uma dívida profunda para com meu mestre e amigo L. S. Vygotsky (cuja morte ocorreu logo após a conclusão deste trabalho), bem como com vários participantes das duas expedições de pesquisa para a Ásia Central, dentre os quais, P. I. Leventuev, F. N. Shemyakin, A. Bagautdinov, E. Baiburov, L. S. Gazaryants, V. V. Zakharova, E. I. Mordkovich, K. Khakimov e M. Khodzhinova.

A. R. L.

Moscou
1976

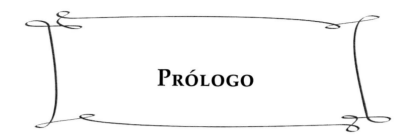

Prólogo

Será útil ao leitor, para apreciar melhor este livro extraordinário, saber um pouco do clima intelectual e social da época em que Alexandre Luria, ainda jovem, partiu para a Ásia central. Em 1921 ele completou os estudos de graduação em sua cidade natal, Kazan. Cursou a faculdade de Humanidades (ainda não existiam cursos de Psicologia na época) e, ao terminar esse curso, matriculou-se na escola de Medicina de Kazan. O interesse pela Psicologia fez com que interrompesse seus estudos de Medicina em 1923, ao aceitar um cargo no Instituto de Psicologia da Universidade de Moscou.

Luria chegou ao Instituto de Psicologia num período de grande fermentação. Na Psicologia, como em vários campos da vida intelectual russa, existiam muitas ideias diferentes sobre como as coisas deveriam mudar com a revolução. O diretor anterior à revolução, G. T. Chelpanov havia sido substituído por K. N. Kornflov, cujo objetivo era o de remodelar a Psicologia segundo o pensamento marxista. Porém, não existia um acordo firme sobre o que seria exatamente uma psicologia marxista.

O próprio Komilov tentou estabelecer as linhas gerais de uma psicologia marxista no seu livro *A Psicologia do ponto de vista do materialismo*, publicado pela primeira vez em 1926

11

e depois reeditado diversas vezes. Seu tema mais importante era a inadequação da psicologia fenomenológica, na época fazendo sucesso na Rússia e na Europa. Por sua ênfase nas reações simples e na medição precisa da velocidade, forma e duração dessas reações, sua escola "reactológica" de psicologia tinha muitas semelhanças com o florescente behaviorismo americano. Quando chegou a Moscou, o próprio Luria trazia uma influência mais forte dos trabalhos alemães que dos americanos. Tinha lido os primeiros trabalhos os psicólogos da Gestalt e chegou a escrever um pequeno ensaio, tentando unificar algumas ideias de Freud a métodos objetivos de pesquisa (os frutos desse trabalho apareceram muito mais tarde em inglês sob o título *The Nature of Human Conflict*).

Em 1923, Luria conheceu Vygotsky numa conferência em Leningrado. Vygotsky foi convidado a trabalhar em Moscou em 1924 e assim começou a colaboração que levou à pesquisa descrita neste livro. Vygotsky acreditava que a psicologia dos meados da década de 1920 estava atravessando uma crise que produziu uma separação do campo em duas disciplinas desconectadas. Por um lado, o trabalho de Sechenov, Pavlov e outros cientistas naturais tinham sido bem-sucedido no estabelecimento de uma base material para os processos psicológicos *elementares*. Entretanto, o enfoque reflexológico não fornecia um método adequado para a abordagem de funções psicológicas *complexas* que tradicionalmente compunham uma outra preocupação importante da psicologia — memória voluntária, solução de problemas abstratos e imaginação criativa, por exemplo. Por outro lado, os psicólogos que tornavam essas funções como objeto de estudo encontravam-se confinados a descrições verbais baseadas apenas na introspecção, procedimento que não satisfazia os anseios dos acadêmicos soviéticos por uma psicologia objetiva, materialista.

Tanto Vygotsky quanto Luria aceitavam o princípio segundo o qual todos os processos psicológicos estão baseados em reflexos. Entretanto eles resistiam à posição, muito popular nos Estados Unidos na época (e aceita por KORMLOV), de que os processos psicológicos complexos poderiam ser *reduzidos* a cadeias de reflexos. Vygotsky procurava a unidade mínima adequada a uma nova psicologia cognitiva que tosse capaz de conservar as características básicas dos processos psicológicos exclusivamente humanos. A propriedade elementar característica da consciência humana escolhida por Vygotsky foi a da *mediação*. Segundo esta concepção, proposta pela primeira vez por Vygotsky no início da década de 1920, tanto o comportamento dos animais como o do homem constroem-se sobre uma base reflexa. Porém, o homem não está restrito a simples reflexos tipo estímulo-resposta; ele consegue estabelecer conexões indiretas entre a estimulação que recebe e as respostas que emite através de vários elos de mediação. Quando o homem introduz uma modificação no ambiente através de seu próprio comportamento, essa mesma modificação vai influenciar seu comportamento futuro. O reflexo simples transforma-se num sistema reflexo no qual os instrumentos usados pelo homem para aturar no seu ambiente tornam-se sinais que ele então passa a usar para influenciar seu próprio comportamento. Vygotsky acreditava que esta formulação possibilitava tanto a conservação do princípio do reflexo material como base do comportamento quanto a análise das funções psicológicas humanas enquanto atos mentais mediados e complexos.

Essa linha teórica tornou-se conhecida nos Estados Unidos através de diversas publicações de Vygotsky (1962) e Luria (1961). Eles aplicam o conceito de mediação quase que exclusivamente aos processos de desenvolvimento mental da criança, especialmente ao discutir o papel da linguagem no desenvolvimento. Vygotsky e Luria enfatizam a ideia de que o desenvolvimento mental deve ser visto como um processo histórico no qual o ambiente social e não social da criança induz o desenvolvimento de processos de mediação de várias funções mentais superiores. O "Histórico" no contexto do desenvolvimento infantil tem sido geralmente interpretado como um fenômeno limitado ao indivíduo, embora Luria tenha sempre chamado a atenção para o fato de o significado das palavras fornecerem à criança os resultados destilados da história de sua sociedade.

Este livro trata do aspecto histórico do desenvolvimento mental em sentido bem diferente. Em 1930, Luria e Vygotsky publicaram uma monografia intitulada *Ensaios sobre a história do comportamento*. O referido trabalho levantava a possibilidade de que os princípios aplicados pelos autores ao desenvolvimento individual poderiam ter paralelos no campo do desenvolvimento sociocultural. Exemplos claros de mediação externa foram vistos em fenômenos tais como o uso de nós em cordas para ajudar a memória entre tribos da América do Sul ou o uso de varetas em rituais por aborígenes australianos.

Esses dados tinham no máximo valor anedótico, mas acabaram recebendo muita atenção por parte dos cientistas sociais soviéticos na época. Provavelmente não se trata de coincidência o fato de uma edição de dois livros de Lévy-Bruhl sobre processos primitivos de pensamento ter aparecido em 1930. Embora os editores do livro manifestassem dúvidas sobre algumas ideias de Lévy-Bruhl, eles em geral aceitavam a tese de que as mudanças sociais eram acompanhadas de mudanças fundamentais dos processos de pensamento. Nessa mesma época, como Luria conta no prefácio deste livro, enormes mudanças sociais estavam acontecendo em toda a União Soviética. A campanha para implantar práticas agrícolas coletivistas no país inteiro estava em peno vigor. Para os componentes da Ásia Central, a nova ordem exigia de fato mudanças monumentais nos velhos padrões culturais.

Assim, buscando sustentação não só para sua nova teoria psicológica, mas também procurando demonstrar evidências dos benefícios intelectuais da nova ordem socialista, Luria partiu para Ásia Central. Vygotsky, já doente de tuberculose (morreu em 1934), só pôde tomar conhecimento do trabalho de campo através dos relatos.

Após duas expedições nas quais o material deste livro foi coletado, Luria fez alguns relatos públicos preliminares de seus resultados, porém o clima intelectual em Moscou naquele momento não era muito simpático às suas conclusões. Embora Luria enfatizasse claramente os aspectos benéficos da coletivização, os críticos diziam que seus dados podiam ser lidos como um insulto ao povo com o qual havia trabalhado (RAZMYSLOV, 1934). O estatuto das minorias nacionais na União Soviética já se tomara há algum tempo assunto delicado (não muito diferente da questão das minorias étnicas nos Estados Unidos). Já se tornara apropriado e bom mostrar que camponeses tradicionais e incultos aprendiam rapidamente os modos de pensamento característicos de povos industrializados e socialistas, porém já se tomara definitivamente inaceitável dizer qualquer coisa que pudesse ser interpretada como negativa sobre essa gente num momento em que sua participação na vida nacional era ainda tão tênue.

Em 1974, quando o presente livro foi publicado na União Soviética, havia mais facilidade em aceitar as implicações de padrões diferentes de comportamento intelectual característicos de diferentes grupos sociais. L. I. Antsyferova, importante teórica soviética, resumiu assim a contribuição deste livro: "O livro de A. Luria é uma contribuição importante e, pode-se dizer, sem exagero, única, para a metodologia e teoria da ciência psicológica e para o desenvolvimento de seu princípio básico do historicismo" (ANTSYFEROVA, 1976, p. 256).

Uma parte da controvérsia inicial sobre o trabalho de Luria relativo a comparação entre culturas Luria pode ter surgido da orientação desenvolvimentista dada a este tópico. Seu objetivo geral era mostrar as raízes sócio-históricas de todos os processos cognitivos básicos; a estrutura do pensamento depende do tipo de estrutura dos tipos de atividades dominantes em diferentes culturas. Desse conjunto de premissas, segue-se que o pensamento prático vai predominar em sociedades caracterizadas pela manipulação prática de objetos e que formas mais "abstratas" de atividade "teórica" em sociedades tecnológicas vão induzir a pensamentos mais abstratos, teóricos. O paralelo entre o desenvolvimento social e individual produz uma forte tendência à interpretação de todas as diferenças comportamentais em termos de desenvolvimento social e individual produz uma forte tendência à interpretação de todas as diferenças comportamentais em termos de desenvolvimento. Paradoxalmente, é exatamente essa orientação, associada à genialidade de Luria no uso do que ele chamava "método clínico", que torna esta obra tão relevante hoje.

Luria realizou sua pesquisa antes de a Psicologia "intercultural" tornar-se uma disciplina aceita na Europa e Estados Unidos. Existe hoje literatura ampla e crescente sobre as questões levantadas neste livro (ver as sínteses de BERRY; DASEN, 1974; COLE; SCRIBNER, 1974; LLOYD, 1972). Porém, ainda estão para serem resolvidas as ambiguidades na interpretação de diferenças culturais que Luria tão claramente documenta.

O estilo de Luria na interpretação desses dados é semelhante ao procedimento tradicional de atribuir diferenças de desempenho entre duas culturas ao mesmo processo que gera as diferenças de desempenho entre crianças mais jovens e mais velhas no interior de uma mesma cultura. Essa linha de interpretação tem uma história respeitável, conforme as observa no texto de Greenfield e Bruner (1966), bem como trabalhos de linha piagetiana (DASEN, 1972) têm mostrado. Dentro desse quadro, os dados de Luria são originais ao mostrar mudanças nítidas entre adultos expostos a diferentes contextos de trabalho e a níveis mínimos de educação (embora alguns dados de natureza semelhante tenham sido obtidos por SCRIBNER, 1974).

Minha interpretação pessoal desse tipo de dados é um pouco distinta, uma vez que sou um tanto cético quanto à utilidade da aplicação de teorias do desenvolvimento em estudos comparativos de culturas. Assim, aquilo que Luria interpreta como aquisição de novos modos de pensamento, tendo tendência a interpretar como mudanças na aplicação de modos previamente disponíveis aos problemas particulares e contextos do discurso representados pela situação experimental. Entretanto, o valor deste livro não depende da nossa interpretação dos resultados de Luria. Como ele enfatiza em diversas passagens, o texto representa um projeto-piloto ampliado que jamais poderá ser repetido. Será tarefa de outros pesquisadores, trabalhando naquelas partes do mundo em que ainda existem sociedades tradicionais, aperfeiçoar a interpretação desses achados.

Não apenas a exclusividade das circunstâncias históricas confere a este trabalho interesse atual. Até onde "sei, não existe na literatura intercultural nenhum exemplo de aplicação dos métodos utilizados aqui. Luria é um artesão simplesmente brilhante no uso do método clínico para investigar os processos de raciocínio usados pelos indivíduos ao enfrentarem os problemas propostos por ele. As atitudes de Luria ao dirigir cuidadosamente e investigação, ao utilizar o oponente hipotético ("mas alguém me disse..."), ao incluir discussões em grupo e utilizar as intervenções como dados não encontram paralelo na pesquisa em psicologia do nosso século. Já foi dito o suficiente. As personagens de Luria dizem melhor. Veja por você mesmo.

Michael Cole

1

O Problema

Parece surpreendente que a ciência da Psicologia tenha evitado a ideia de que muitos processos mentais sejam sócio-históricos em sua origem, ou de que manifestações importantes da consciência humana tenham sido diretamente formadas pelas práticas básicas da atividade humana e pelas formas da cultura existentes.

Num processo que teve início em meados do século dezenove, a Psicologia tentou colocar-se como ciência independente, cuja aspiração era analisar objetivamente os mecanismos fisiológicos envolvidos no comportamento. Em diversos momentos de sua história, a Psicologia distinguiu vários mecanismos básicos presentes em processos mentais. Em meados do século dezenove as atenções estavam focalizadas nos princípios de associação, os quais se supunha fazerem parte de todo o complexo tecido da vida mental humana. Já na segunda metade do século, alguns investigadores voltaram sua atenção para fenômenos mentais mais complexos. Wilhelm Wundt, o fundador da Psicologia, enquanto ciência natural, chamava esses eventos mentais de "apercepções ativas". Na virada do século, a maioria dos psicólogos aceitava a noção de que esses "atos" e "funções" mentais estavam na base de todas as formas de pensamento e de processos volitivos. A escola de Wurzburg é um exemplo dessa nova tendência da Psicologia.

Entretanto, a Psicologia científica logo mostrou-se inadequada diante da tarefa de investigar todos os aspectos da vida mental ativa. Consequentemente, um ramo da Psicologia foi proposto como disciplina independente para ocupar-se dos fenômenos mentais mais complexos: esta nova escola estava intimamente ligada ao idealismo neokantiano sustentado pela "filosofia das formas simbólicas", de Cassirer.

A proposição dessa nova disciplina que tratava dos processos mentais complexos provocou uma forte reação entre os psicólogos de tradição naturalista. Na primeira década do século vinte, tanto a psicologia da Gestalt na Alemanha quanto o behaviorismo americano assumiram o estudo das formas mais complexas e integrais da atividade mental ao lado das mais elementares. A Psicologia da Gestalt, restringindo-se à Psicologia já estabelecida enquanto ciência natural, tentou liquidar com o atomismo e o associacionismo típicos da Psicologia tradicional e descobrir as leis estruturais integrais encontradas mais claramente na percepção e talvez em outros processos psicológicos. O behaviorismo americano vislumbrou uma saída para as dificuldades da Psicologia tradicional com a recusa em estudar o mundo subjetivo e pela tentativa de encontrar leis da ciência natural para o comportamento integral, Tal enfoque apoiou-se na análise do comportamento desenvolvida pelos fisiologistas que estudavam os processos nervosos superiores.

Ao longo dessa trajetória, qual seja, a de tentar tornar-se uma ciência exata, a Psicologia, no entanto, procurou leis para a atividade mental "dentro do organismo". Entendia a associação como natureza estrutural da percepção; os reflexos condicionados envolvidos no comportamento eram considerados propriedades naturais e imutáveis dos organismos (psicologia fisiológica) ou como manifestações de propriedades intrínsecas da mente (psicologia idealista). A noção de que as leis e propriedades intrínsecas da atividade mental permanecem inalteradas propiciou também tentativas de estabelecimento de uma psicologia social e de uma sociologia positivistas baseadas na premissa de que as atividades sociais refletem propriedades mentais que operam no interior dos indivíduos. Wundt devotou a segunda metade de sua vida à obra *Volkerpsychologie* (Psicologia do Povo), na qual tenta decifrar fenômenos sociais tais como a religião, os mitos, a moral e as leis, do ponto de vista da psicologia do ser humano individual. Para Wundt, esses aspectos do comportamento social refletem as mesmas leis naturais da associação e percepção que operam em nível individual. As numerosas tentativas de encontrar os instintos individuais na base de todos os fenômenos sociais (começando por McDougall e continuando com os neofreudianos e etologistas modernos, que consideram a guerra resultante dos impulsos agressivos inatos do indivíduo) representam apenas a continuidade dessa tendência.

Não há dúvida de que a Psicologia científica realizou progressos consideráveis no século passado e contribuiu muito para o nosso conhecimento da atividade mental. Apesar disso, ela quase sempre ignorou a origem social dos processos mentais superiores. Os padrões descritos acabam sendo os mesmos, para homens e animais, para homens de diferentes culturas e épocas históricas distintas e para processos mentais elementares e formas complexas de atividade mental.

Além disso, as leis do pensamento lógico, da memória ativa, da atenção seletiva e dos atos da vontade em geral, que constituem a base para as formas superiores e mais complexas características da atividade mental humana, resistiram a todas essas tentativas de interpretação causal, permanecendo assim além da fronteira do conhecimento científico.

Não foi por acidente que Bergson falou das leis da "memória do espírito" como complemento das leis naturais da "memória do corpo", ao passo que os filósofos neokantianos distinguiam, além das leis da associação que podiam ser analisadas pela ciência natural, leis das "formas simbólicas", que funcionavam como manifestações do "mundo espiritual" e não tinham nem origem nem fundamentação teórica: podiam ser descritas, mas não explicadas. Apesar do progresso objetivo, portanto, um importante campo do conhecimento permaneceu divorciado das explicações causais e não podia ser estudado de maneira significativa. Tal situação exigiu passos decisivos no reexame dos enfoques básicos propostos para o estudo da atividade mental de modo a tornar a Psicologia uma verdadeira disciplina científica capaz de rejeitar decisivamente qualquer tipo de dualismo e de abrir o caminho para uma análise causal até mesmo dos mais complexos fenômenos mentais. Este reexame implicou o abandono do subjetivismo na Psicologia e o tratamento da consciência humana como um produto da história social.

A EVOLUÇÃO SÓCIO-HISTÓRICA DA MENTE

As primeiras tentativas de abordagem dos processos mentais humanos como produtos da evolução foram feitas na segunda metade do século dezenove por Charles Darwin e seu sucessor Herbert Spencer. Esses cientistas tentaram traçar os caminhos pelos quais se desenvolvem as formas complexas de atividade mental e determinar a maneira pela qual as formas elementares de adaptação biológica às condições ambientais se tornam mais complexas ao longo do processo evolutivo. O enfoque evolucionista, bastante adequado para o estudo comparativo do desenvolvimento mental no mundo animal, viu-se numa espécie de beco sem saída ao tentar pesquisar a evolução da atividade mental humana. A noção segundo a qual o desenvolvimento individual repete o desenvolvimento da espécie (a "lei biogenética" ou a "lei da recapitulação"), que se tornou amplamente difundido na época, era claramente insuficiente e levava quando muito a conclusões superficiais e reacionárias, como por exemplo a de que os processos de pensamento dos povos primitivos são muito semelhantes aos processos infantis (TAYLOR, 1874), indicando, portanto, a "inferioridade racial" dos povos atrasados. No início do século vinte, Durkheim recusou a interpretação dos processos básicos da mente como manifestações da vida espiritual interior ou como resultantes da evolução natural, optando por localizar sua origem na sociedade (DURKHEIM; MAUSS, 1963). As ideias de Durkheim constituíram as bases de outros numerosos estudos, dentre os quais os do psicólogo francês Pierre Janet e outros que desempenharam proeminente papel.

Janet propôs que as formas complexas de memória, bem como as ideias complexas de espaço, tempo e número, tinham origem na história concreta da sociedade, ao invés de surgirem a partir de categorias intrínsecas da vida espiritual. Na opinião de Janet, a lembrança não controlada e o retomo ao passado, considerados por Bergson as mais típicas manifestações da "memória do espirito", têm suas raízes no armazenamento e transferência de informações na sociedade primitiva, particularmente na atividade de "mensageiro" de alguns indivíduos daquelas sociedades — alguém que usava técnicas mnemônicas especiais.

A psicologia clássica idealista considerava os conceitos de espaço e tempo produtos irredutíveis da consciência. Os psicólogos franceses contrapunham, justificadamente, que as categorias conceituais básicas de espaço originavam-

-se da sociedade e não da biologia, remontando ao arranjo espacial do acampamento nômade primitivo. Os franceses pensaram da mesma forma em sua investigação sobre a origem do conceito de tempo nas condições da sociedade primitiva e seus modos de reconhecer o tempo. Eles também procuraram explicações semelhantes para a origem do conceito de número.

A escola francesa de Sociologia, entretanto, tinha uma deficiência importante que invalidou suas teorias. Recusava-se a interpretar a influência da sociedade sobre a mente do indivíduo como uma influência do sistema socioeconômico e das formas existentes de atividade social sobre a consciência individual. Distinguindo-se do enfoque materialista histórico, a escola francesa considerava esse processo apenas uma interação entre "representações coletivas" ou "consciência social" e a consciência individual, ao mesmo tempo em que desconsiderava os sistemas sociais, história e práticas particulares das sociedades. Ao fazer a aproximação das relações entre trabalho e produção, enquanto atividades individuais, Durkheim via a sociedade como a esfera das convicções e representações coletivas, dando forma à vida mental do indivíduo. Este foi o ponto de partida para o trabalho subsequente de Durkheim como também para o conjunto da escola francesa de Sociologia (BLONDEL, 1922, DURKHEIM; MAUSS, 1963 e outros).

A escola francesa deixou de lado tanto as formas particulares de trabalho quanto as condições econômicas que constituem a base de toda a vida social. A formação da mente no indivíduo foi descrita como um evento puramente espiritual que ocorre isoladamente da prática concreta e das condições particulares de seu ambiente físico. Por isso as tentativas da escola francesa de Sociologia de definir as características essenciais da mente humana nos diversos estágios de desenvolvimento histórico levaram a conclusões que retardaram a criação de uma psicologia verdadeiramente materialista.

O trabalho de Lucien Lévy-Bruhl (1930), representante dessa escola francesa, exerceu grande influência. Partindo da premissa de que o pensamento humano numa cultura primitiva é produzido pelas "representações coletivas" predominantes naquela sociedade, Lévy-Bruhl concluiu que o pensamento primitivo segue suas próprias leis: ele é "pré-lógico", frouxamente organizado e opera segundo a "lei da participação". O autor acreditava, portanto, que o pensamento primitivo era mágico, refletindo os sistemas de crenças e a mágica primitiva ao invés de refletir as relações práticas entre os seres humanos e a realidade.

Lévy-Bruhl foi o primeiro a apontar as características qualitativas do pensamento primitivo e o primeiro a tratar os processos lógicos como produtos do desenvolvimento histórico. Ele exerceu grande influência sobre os psicólogos na década de 1920, que tentavam ir além dos conceitos simplistas sobre a mente vista enquanto produto derivado da seleção natural, entendendo-a como um produto do desenvolvimento sócio-histórico. Suas análises, entretanto, separavam o pensamento humano nos primeiros estágios de desenvolvimento histórico, das atividades e processos cognitivos existentes na época, que eram então considerados resultantes de crenças; se o povo primitivo realmente pensasse segundo as leis propostas por Lévy-Bruhl, dificilmente teria conseguido sobreviver por um único dia.

Os opositores de Lévy-Bruhl basearam-se em dados experimentais (RIVERS, 1926; LEROY, 1927) e buscaram apoio em antropólogos e linguistas como George Boas (1911). Em oposição aos achados de Lévy-Bruhl, eles propunham que o equipamento intelectual humano nas culturas primitivas era fundamentalmente idêntico àquele de povos mais avançados. Chegaram até a sugerir que os achados de

Lévy-Bruhl indicavam que os homens, vivendo em condições primitivas, pensam segundo as mesmas leis da lógica que nós usamos. A uma diferença básica no pensamento é que eles generalizam os fatos do mundo exterior segundo categorias diferentes das que estamos acostumados a utilizar (RIVERS, 1926). O pensamento de um povo primitivo não reflete inferioridade racial nem crenças distintas. Esse pensamento torna-se inteligível para nós, todavia, apenas se entendermos as condições reais de vida desse povo e a linguagem por ele utilizada (BOAS, 1911). Tal era o enfoque dos processos mentais humanos na época em que iniciamos nosso trabalho.

A pesquisa relatada neste livro, realizada há quarenta anos sob a iniciativa de Vygotsky e num contexto de mudanças sociais e culturais sem precedentes, adotou o ponto de vista de que as atividades cognitivas superiores guardam sua natureza sócio-histórica e de que a estrutura da atividade mental — não apenas seu conteúdo específico, mas também as formas gerais básicas de todos os processos cognitivos — muda ao longo do desenvolvimento histórico. Por isso nossa investigação permanece válida ainda hoje.

Premissas iniciais

A psicologia soviética, usando o conceito de consciência enquanto "existência consciente" (*das bewusste Sein*) como ponto de partida, rejeitou o enfoque segundo o qual a consciência representa uma "propriedade intrínseca da vida mental", invariavelmente presente em qualquer estado mental e independente do desenvolvimento histórico. Alinhando-se com o pensamento de Marx e Lenin, a psicologia soviética sustenta que a consciência é a forma mais elevada de reflexo da realidade: ela não é dada *a priori*, nem é imutável e passiva, mas sim formada pela atividade e usada pelos homens para orientá-los no ambiente, não apenas adaptando-se a certas condições, mas também reestruturando-se.

A ideia de que os processos mentais dependem das formas ativas de vida num ambiente apropriado tornou-se um princípio básico da psicologia materialista. Essa psicologia também admite que as ações humanas mudam o ambiente de modo que a vida mental humana é um produto das atividades continuamente renovadas que se manifestam na prática social.

O modo pelo qual as formas da atividade mental humana historicamente estabelecidas se correlacionam com a realidade passou a depender cada vez mais de práticas sociais complexas. Os instrumentos usados pelos homens em sociedade para manipular o ambiente, além de produtos de gerações anteriores que ajudam a formar a mente da criança em desenvolvimento, também afetam essas formas mentais. Na criança em desenvolvimento, as primeiras relações sociais e as primeiras exposições a um sistema linguístico (de significado especial) determinam as formas de sua atividade mental. Todos esses fatores ambientais são decisivos para o desenvolvimento sócio-histórico da consciência. Novos motivos para a ação aparecem sob a forma de padrões extremamente complexos de práticas sociais. Assim são criados novos problemas, novos modos de comportamento, novos métodos de captar informação e novos sistemas de refletir a realidade.

A partir de seu início, as formas sociais da vida humana começam a determinar o desenvolvimento mental humano. Considere-se o desenvolvimento da atividade consciente na criança. A partir do nascimento, as crianças vivem num mundo de coisas, produtos históricos do trabalho social. Elas aprendem a comunicar-se com os outros à sua volta e desenvolvem relações com objetos através da ajuda de adultos. As crianças assimilam a linguagem — um produto do desenvolvimento sócio-histórico — e usam-na para analisar, generalizar e codificar suas experiências. Elas nomeiam objetos, usando expressões estabelecidas anteriormente na história, enquadrando assim esses objetos em categorias e adquirindo conhecimentos. Uma vez tendo chamado um objeto de "relógio" (*chasy*), a criança imediatamente incorpora esse objeto em um sistema de objetos relacionados com o tempo (*chas*): chamando um objeto que se move de "avio" (*paravoz*), a criança com naturalidade isola propriedades que definem esse objeto movimento (*vozit'*) produzido por vapor (*par*). A linguagem, que medeia a percepção humana, resulta em operações extremamente complexas: a análise e síntese da informação recebida, a ordenação perceptual do mundo e o enquadramento das impressões em sistemas. Assim as palavras unidades linguísticas básicas carregam, além de seu significado, também as unidades fundamentais da consciência que refletem o mundo exterior.

Entretanto o mundo de objetos particulares e de significados de palavras que os homens recebem das gerações anteriores organiza não apenas a percepção e a memória (assegurando assim a assimilação de experiências comuns a toda humanidade), mas estabelece também algumas condições importantes para o desenvolvimento posterior e mais complexo da consciência. Os homens podem mesmo lidar com objetos "ausentes" e assim "duplicar o mundo" através de palavras que mantêm o sistema de significados, esteja ou não a pessoa em contato direto com os objetos referidos pelas palavras. Dessa forma surge uma nova fonte de imaginação produtiva: fonte que pode tanto reproduzir objetos como reordenar as relações entre esses objetos, servindo assim como base para processos criativos altamente complexos. Os homens usam um sistema complexo de relações sintáticas entre as palavras de uma sentença e é em seguida capaz de formular relações complexas entre entidades, gerar pensamentos e opiniões. Em função do sistema hierárquico de cada sentença, do qual as construções verbais e lógicas são um exemplo típico, os homens têm à sua disposição um poderoso instrumento objetivo que lhes permite tanto expressar objetos ou situações particulares quanto criar códigos lógicos objetivos. Esses códigos tornam as pessoas capazes de ultrapassar a experiência direta e extrair conclusões que têm tanta objetividade quanto os dados da experiência sensorial direta. Em outras palavras, a história social estabeleceu o sistema de linguagem e os códigos lógicos que permitem ao homem saltar do sensorial ao racional; para os fundadores da filosofia materialista, tal transição é tão importante quanto a da matéria inanimada para a matéria viva.

A consciência humana deixa, portanto, de ser uma "qualidade intrínseca do espírito humano", sem história e inacessível à análise causal. Começamos a entendê-la como a forma mais elevada de reflexão da realidade criada pelo desenvolvimento sócio-histórico: um sistema de agentes que existe objetivamente produz a consciência humana e a análise histórica a toma acessível.

A imponência dos pontos de vista expostos neste livro não se limita ao fato de eles abordarem a consciência humana como produto da história social e apontarem na direção de uma análise histórico-científica; a importância deriva também do fato de estudarem os processos de ampliação dos limites da consciência e de criação de códigos como resultantes da vida humana em sociedade. Mais do que isso, alguns processos mentais não podem desenvolver-se fora das formas apropriadas de vida social. Esta última observação é decisiva para a Psicologia, abrindo perspectivas novas e inesperadas.

Ao aprender atividades complexas com objetos, corrigindo seu próprio comportamento através de relações sociais e adquirindo sistemas linguísticos complexos, as crianças são levadas, invariavelmente, a desenvolver novas motivações, criar novas formas de atividade consciente e propor novos problemas. A criança substitui suas brincadeiras iniciais de manipulação por outras que envolvem temas e papéis inéditos. Aparecem então regras socialmente condicionadas para essas brincadeiras que se tornam regras de comportamento.

Sob a influência da linguagem dos adultos, a criança distingue e estabelece objetivos para seu comportamento: ela repensa as relações entre os objetos: ela imagina novas formas de relação criança-adulto: reavalia o comportamento dos outros e depois o seu; desenvolve novas respostas emocionais e categorias afetivas, as quais se tornam, através da linguagem emoções generalizadas e traços de caráter. Todo esse processo complexo, intimamente relacionado com a incorporação da linguagem na vida mental da criança, resulta em uma reorganização radical do pensamento, que possibilita a reflexão da realidade e o próprio processo da atividade humana.

Nos momentos iniciais da infância, os objetos desconhecidos não são nomeados; os processos mentais usados por uma criança são diferentes daqueles empregados por um adolescente que já dominou a linguagem e analisa as informações através de significados verbais. A criança que desenvolve hábitos tirando conclusões de sua experiência pessoal imediata usa esquemas mentais diferentes daqueles empregados pelo adolescente, cujo comportamento é mediado por normas estabelecidas através da experiência social. As impressões diretas, dominantes na criança, dão lugar no adolescente às abstrações e generalizações onipresentes da fala interna e externa.

Vygotsky, ao analisar as mudanças fundamentais no desenvolvimento dos processos mentais (mudanças que expressam sucessivas formas de reflexão da realidade), observou que, enquanto a criança pensa através de lembranças, o adolescente lembra através do pensamento. Assim, a construção de formas complexas de reflexão da realidade e de atividade se dá juntamente com mudanças radicais nos processos mentais que afetam essas formas de reflexão e constituem o substrato do comportamento. Vygotsky chamou essa proposição de estrutura semântica e sistêmica da consciência.

Agora o psicólogo pode ir além da descrição das diferentes formas de consciência e de suas mudanças na criança e no adulto; ele pode também analisar as mudanças na estrutura dos processos mentais subjacentes à atividade mental ao longo dos diferentes estágios do desenvolvimento e desvendar as mudanças até agora desconhecidas nas "relações interfuncionais" entre esses processos. O psicólogo pode assim investigar o desenvolvimento histórico dos sistemas mentais.

Nos primeiros anos da psicologia soviética, os pesquisadores voltaram-se mais para as mudanças no desenvolvimento mental das crianças. As descobertas brilhantes ocorridas nos últimos cinquenta anos mudaram drasticamente os conceitos teóricos da Psicologia: a descrição da evolução do significado das palavras, feita por Vygotsky; a análise das mudanças ao longo do desenvolvimento da organização da realidade na criança, proposta por Lcontiev; a descrição da formação de ações voluntárias complexas (ZAPOROZHETS, 1960); e as investigações de Galperin (1957) e Elkonin (1960) sobre a formação de "ações mentais" internalizadas. Apesar dessas mudanças profundas e alterações recentes em seu perfil, a Psicologia está apenas iniciando o estudo dos processos mentais do ponto de vista específico de sua formação sócio--histórica. Ainda não sabemos se as mudanças de estruturas sócio-históricas ou mudanças na natureza da prática social produzem apenas ampliação da experiência, aquisição de novos hábitos e conhecimentos, alfabetização e assim por diante, ou se essas mudanças produzem uma reorganização radical dos processos mentais, alterações do nível estrutural da atividade mental e formação de novos sistemas mentais. A demonstração dessas consequências teria importância fundamental para a Psicologia enquanto ciência da história social.

Poucas tentativas têm sido feitas para abordar esse problema na Psicologia, em parte devido às poucas ocasiões nas quais um investigador pode observar a maneira pela qual um sistema social em reestruturação produz alterações aceleradas de formas de atividade social e mudanças rápidas das formas de consciência; em parte, devido às tentativas — conscientes ou não — dos estudiosos de povos "atrasados" em justificar as desigualdades encontradas.

Nossa pesquisa foi realizada durante um período de reorganização rápida e profunda das estruturas sociais. Assim, foi possível observar a formação sócio-histórica dos processos mentais e preencher uma lacuna importante na ciência da Psicologia.

A SITUAÇÃO DE PESQUISA

A finalidade de nossa investigação uma análise da formação sócio-histórica dos processos mentais determinou a escolha de condições para obtenção dos melhores resultados. Essas condições existiam no início da década de 1930 em regiões remotas da União Soviética. No final da década de 1920 e início dos anos 1930, tais regiões vivenciaram uma reestruturação radical de seu sistema socioeconômico e de sua cultura.

Antes da revolução, o povo do Uzbequistão vivia numa economia atrasada, baseada principalmente no cultivo do algodão. Os habitantes das *kishlak* (vilas) mostravam resquícios de uma cultura importante no passado, ao lado de um analfabetismo virtualmente total, bem como influência forte da religião islâmica.

Quando a revolução eliminou a dominação e a submissão como formas de relações entre as classes sociais, aquele povo oprimido na véspera viu-se livre no dia seguinte. Pela primeira vez esse povo sentiu-se responsável pelo próprio futuro. O Uzbequistão tornou-se uma república com produção agrícola coletivizada; iniciou-se também o desenvolvimento industrial. O surgimento de um novo sistema econômico trouxe consigo novas formas de atividade social: a avaliação coletiva de projetos de trabalho, o reconhecimento e a correção de falhas e a distribuição das funções econômicas. A vida socioeconômica dessas regiões sofreu assim uma transformação completa. As mudanças radicais na estrutura de classes da sociedade fizeram-se acompanhar por novas mudanças culturais.

Uma extensa rede de escolas foi aberta em regiões periféricas nas quais o analfabetismo tinha sido de 100% durante séculos. Apesar de sua natureza de curta duração, os programas de alfabetização familiarizaram um grande número de adultos com elementos da tecnologia moderna. Os estudantes adultos deixaram de lado suas atividades cotidianas por algum tempo e começaram a lidar com os elementos de questões simples, porém de natureza "teórica". Ao adquirir os rudimentos da leitura e da escrita, as pessoas tinham de desmembrar a língua falada em seus componentes e codificá-las segundo um sistema de símbolos. Elas aprendiam o conceito de número, que utilizavam apenas nas atividades práticas e agora se tornava uma entidade abstrata a ser compreendida por sua própria natureza. Como resultado, as pessoas não só conheciam novos campos do conhecimento, mas também adquiriam novas motivações para a ação.

Muitos outros cursos especiais de curta duração foram introduzidos, principalmente em educação pré-escolar e agronomia elementar. Esses programas, que aceitavam alunos sem nenhuma educação formal, foram significativos não apenas pelo treinamento fornecido, mas também pela reestruturação da consciência dos alunos, levando-os além das preocupações práticas imediatas, ampliando sua visão de mundo e trazendo-os para os níveis teóricos da atividade.

Escolas secundárias e institutos tecnológicos foram então criados (uns poucos no começo, depois em maior número) nas quais os jovens recebiam educação mais avançada, iniciando-se nos fundamentos da cultura e da ciência modernas. A influência islâmica começou a desaparecer; durante séculos ela havia retardado o desenvolvimento do pensamento independente através da sujeição do povo a dogmas religiosos e padrões rígidos de comportamento. Todas essas circunstâncias criaram a base para mudanças profundas do perfil ideológico e psicológico dessa sociedade. Assim, o lugar e a época de nossa pesquisa preenchiam os critérios exigidos pelo nosso projeto.

Escolhemos vilarejos remotos do Uzbequistão e também alguns das regiões montanhosas de Kirghizia como locais de trabalho. O alto nível cultural do Uzbequistão está até hoje preservado na magnifica arquitetura de Samarkand, Bukhara e Khorezm. Digna de nota é também a produção científica e poética excepcionais de personagens como Ulug-Bek, matemático e astrônomo responsável pelo notável observatório nas proximidades de Samarkand, o filósofo Al-Bir-uni, o mêdico Ali-ibn-Sinna (A vicenna), os poetas Saadi, Nizarni e outros.

Entretanto, como é típico em uma sociedade feudal, o analfabetismo era generalizado, e o povo vivia isolado em vilarejos, dependendo completamente dos ricos proprietários de terras e de poderosos senhores feudais. A economia individualista completamente desregulada centrava-se na agricultura — principalmente no cultivo do algodão — e na horticultura. A criação de animais dominava nas regiões montanhosas de Kirghizia adjacentes ao Uzbequistão; famílias dedicadas à pecuária ficavam meses nas pastagens das montanhas.

Para qualquer projeto importante, era necessária a adesão dos líderes religiosos. A religião islâmica ajudava a manter ausentes os direitos das mulheres. Ao longo de séculos as mulheres tinham de ficar nos *ichkari* (alojamento das mulheres), só podendo sair cobertas por véu e tendo contato apenas com um círculo restrito de pessoas.

Como seria de se esperar, essas regiões da União Soviética sofreram mudanças socioeconômicas e culturais profundas O período de nossas observações incluiu o começo da coletivização e outras mudanças socioeconômicas radicais, além da emancipação das mulheres Pelo fato de se tratar de um período de transição, conseguimos tornar nosso estudo até certo ponto comparativo. Assim, pudemos observar tanto grupos subdesenvolvidos, de analfabetos (moradores dos vilarejos), quantos grupos já envolvidos na vida moderna, que experimentavam as primeiras influências do realinhamento social.

Nenhum dos diversos grupos observados havia recebido de fato nenhum tipo de educação superior. Mesmo assim, eram grupos muito diferentes em suas atividades práticas, modos de comunicação e perfis culturais. Os indivíduos que nós observamos faziam parte de um dos seguintes grupos:

> 1. Mulheres que viviam nos *ichkari*, em vilarejos afastados, analfabetas e sem nenhum envolvimento em atividade social moderna. Havia ainda um número considerável de mulheres desse tipo quando fizemos nosso estudo. As entrevistas fo-

ram realizadas por mulheres, uma vez que só elas tinham direito de entrar nos alojamentos.

2. Camponeses que viviam em lugarejos afastados, mantendo ainda uma economia individualista, ainda analfabetos e que não participavam de nenhum tipo de trabalho socializado.

3. Mulheres que frequentavam cursos de curta duração para trabalho em creches. Em geral essas mulheres não haviam recebido nenhuma educação formal e quase nenhum treino em alfabetização.

4. Trabalhadores de fazendas coletivas (*kolkhoz*) e jovens que haviam feito cursos rápidos. Estavam envolvidos ativamente no trabalho das fazendas — administradores, funcionários de escritórios do *kolkhoz* ou ainda líderes de brigadas. Esse grupo demonstrava experiência considerável no planejamento da produção, na distribuição de trabalho e no controle da produtividade do trabalho. Eles lidavam com outros membros do *kolkhoz* e tinham adquirido uma visão bem mais ampla do que aquela dos camponeses isolados. Porém, sua experiência escolar havia sido bem curta e muitos eram ainda semialfabetizados.

5. Mulheres estudantes admitidas em escolas como professoras, após dois ou três anos de estudos. Suas qualificações escolares eram, todavia, de nível bem baixo.

Apenas os últimos três grupos tinham vivido sob as condições necessárias para alguma mudança psicológica radical. Havia agora novas motivações para a ação, bem como novas formas de acesso à cultura tecnológica e ao domínio de mecanismos como a leitura e outras formas novas de conhecimento. A transição para uma economia socialista trouxe consigo novas formas de relações sociais e, com elas, novos princípios de vida. Os dois primeiros grupos foram muito menos expostos a condições que pudessem produzir mudanças tão fundamentais.

Nossa suposição era que, nos dois primeiros grupos, deveríamos encontrar um claro predomínio daquelas formas de cognição derivadas da prática gráfico-funcional[2], ao passo que os outros indivíduos mostrariam mais pensamentos com mediação. Ao mesmo tempo esperávamos que as necessidades de comunicação das pessoas envolvidas no planejamento do trabalho coletivo nas fazendas tivessem algum impacto explícito sobre seu pensamento.

Ao comparar os processos mentais desses grupos, estávamos assumindo ser possível observar as mudanças causadas pelo realinhamento socioeconômico e cultural.

PROCEDIMENTOS

Nosso método de pesquisa não poderia limitar-se a observações simples; nossa proposta aproximava-se de um esquema experimental completo, o que acarretou dificuldades inevitáveis. Um experimento psicológico de curta duração poderia ter sido viável no laboratório — onde poderíamos preparar adequadamente os indivíduos — porém seria muito problemático nas condições de campo. Estranhos recém-chegados, fazendo perguntas aos moradores dos vilarejos, colocando questões sobre coisas que não faziam parte das atividades habituais, naturalmente causariam surpresa e mesmo suspeitas, uma vez que éramos desconhecidos, e

---

(2)   Nota do Editor: A expressão "gráfico-funcional" refere-se à atividade dirigida pelas características físicas dos objetos com os quais o indivíduo trabalha em circunstâncias práticas.

nossos objetivos ignorados pelos moradores. A aplicação de "testes" isolados, portanto, poderia fornecer resultados não representativos das capacidades reais dos indivíduos. Como em qualquer pesquisa de campo com população, optamos por reforçar o contato preliminar com a população; tentamos estabelecer relações amistosas de modo que os procedimentos experimentais pudessem ser encarados com naturalidade, sem agressividade. Tivemos sempre o cuidado de evitar apresentações apressadas ou mal preparadas do material dos testes.

Nossas sessões experimentais começavam, como regra geral, por longas conversas (algumas vezes repetidas) com os indivíduos na atmosfera tranquila de uma casa de chá — onde os moradores dos vilarejos passavam a maior parte de seu tempo livre — ou ainda em acampamentos nas pastagens dos vales e montanhas ao redor de fogueiras à noite. Essas conversas aconteciam geralmente em grupos; mesmo em entrevistas individuais, o experimentador e outros indivíduos formavam pequenos grupos, escutando atentamente e algumas vezes intervindo na entrevista. A conversa frequentemente tomava a forma de troca de opiniões entre os participantes, e um problema particular podia ser resolvido simultaneamente por dois ou três indivíduos, cada um dando uma resposta. O experimentador introduzia gradualmente as questões preparadas, que se parecia com as "adivinhações" que faziam parte dos hábitos da população e se tornavam assim uma extensão natural da conversa.

Uma vez colocado um problema, os experimentadores não se limitavam a anotar a resposta, conduzindo sempre a conversa numa direção "clínica". A resposta de um indivíduo estimulava novas perguntas ou debates, produzindo novas respostas, sem interrupção do fluxo de troca livre de ideias.

Para reduzir as complicações nessas discussões livres (em Uzbek), o experimentador deixava o registro dos resultados a cargo de um assistente que se colocava geralmente perto do grupo de discussão, tomando cuidado para não atrair a atenção dos participantes. Anotações eram feitas de forma contínua e apenas no final o material era passado a limpo e os dados processados. Esse procedimento, bastante trabalhoso, ocupava metade de um dia para uma curta sessão de discussão, porém era o único método adequado às situações de campo.

Uma outra condição para garantir a naturalidade da condição experimental referia-se ao conteúdo das tarefas apresentadas aos indivíduos. Teria sido tolice propor problemas que pudessem ser considerados sem significado pelos indivíduos. Testes desenvolvidos e validados em outras culturas produziriam fracassos repetidos, comprometendo nossos objetivos. Dessa maneira, não utilizamos testes psicométricos padronizados; trabalhamos exclusivamente com testes desenvolvidos especialmente, testes com significado para os indivíduos e abertos a diversas soluções, cada um deles indicando algum aspecto da atividade cognitiva. Por exemplo, os estudos de generalização foram elaborados de forma a permitir soluções tanto gráfico-funcionais e situacionais quanto abstratas e categóricas. O indivíduo podia tanto resolver problemas envolvendo raciocínio dedutivo através do uso de sua experiência prática disponível, quanto transferindo a situação para além dos limites de sua experiência. A abertura dos problemas a diversas soluções permitia uma análise qualitativa dos resultados.

Introduzimos também algumas tarefas de aprendizagem nos experimentos. Oferecendo ajuda aos indivíduos em alguns momentos, tentamos demonstrar como e quanto eles poderiam usar essa ajuda na solução de um problema e no procedimento para resolver outros problemas.

PLANO DE PESQUISA

Nossos experimentos só poderiam ser bem-sucedidos se refletissem adequadamente as diferenças principais existentes no pensamento de pessoas em etapas diferentes de desenvolvimento sócio-histórico, revelando assim um padrão ou uma síndrome. As características essenciais dos processos mentais dependem do modo pelo qual eles refletem a realidade; assim, uma forma particular de atividade mental deve corresponder a um nível particular de reflexão.

Nossa hipótese era a de que pessoas cujo processo de reflexão da realidade fosse primariamente gráfico-funcional mostrariam um sistema de processos mentais distinto daquele encontrado em pessoas cuja abordagem da realidade fosse predominantemente abstrata,verbal e lógica.Quaisquer alterações nos processos de codificação deveriam, invariavelmente, aparecer na organização dos processos mentais subjacentes a essas atividades. Os problemas propostos por nós podiam ser resolvidos tanto em nível concreto, gráfico--funcional, quanto em nível abstrato, verbal e lógico.

Começamos com alguns processos básicos de percepção, ou seja, de codificação linguística do material sensorial mais evidente. Após essa etapa introdutória, estudamos o desempenho dos indivíduos nos processos de abstração e generalização, especificamente na comparação, discriminação e agrupamento (ou classificação) de objetos processo — fundamental e determinante de outros estágios.

Partimos da hipótese de que os indivíduos seriam incapazes de agrupar objetos — ou mesmo de identificar suas características abstratas — segundo categorias semânticas abstratas. Tínhamos muitas razões para supor que esses indivíduos recriariam situações gráfico-funcionais e substituiriam os significados abstratos dominantes por situações envolvendo experiência prática concreta. Tínhamos também razões para supor que os significados das palavras seriam bem diferentes (uma vez que as palavras são os instrumentos básicos do pensamento) e experimentos de descoberta de significados de palavras mostrariam também grandes diferenças de conteúdos de consciência e estrutura de processos mentais. Se o nosso raciocínio estivesse correto, poderíamos dizer que os indivíduos estudados apresentavam características específicas tanto nos seus sistemas de codificação da realidade percebida quanto nos próprios processos de pensamento. Acreditávamos que os sistemas de modos verbais e lógicos de solução de problemas e de inferência se apresentariam de forma diferenciada nos sujeitos estudados; o modo de pensar gráfico-funcional, adequado a experiência prática, poderia ser bem menos útil em operações verbais e lógicas. Precisávamos, portanto, estudar a forma pela qual nossos sujeitos percebiam premissas lógicas e que tipo de processos específicos (gráfico-funcionais ou lógico-verbais) eram utilizados para tirar conclusões a partir dessas premissas. A etapa seguinte foi uma análise psicológica do uso de silogismos, cujas premissas pertenciam ou não ao sistema de experiência gráfico-funcional. Tal etapa levou-nos a uma investigação do raciocínio e a uma análise psicológica dos processos de discurso melhor estudados na solução de problemas. Nesse caso precisávamos examinar a forma pela qual os processos de raciocínio ocorriam; se esses processos faziam parte da experiência prática direta dos indivíduos e que alterações sofriam quando o raciocínio ultrapassava os limites da prática gráfico-funcional e penetrava no domínio do pensamento teórico ou formalizado. A observação desse tipo de processo mental deveria revelar algumas das características particulares da atividade cognitiva dos sujeitos estudados.

A etapa seguinte foi o estudo dos processos de imaginação, a mudança do nível da percepção imediata para a operação em um nível puramente simbólico, verbal e lógico.

Diferenças entre imaginação por reprodução e imaginação por construção constituíram nosso material de estudo. Assumimos a hipótese de que a capacidade dos indivíduos em criar abstrações a partir de sua experiência imediata, gráfico-funcional, seria limitada e restrita à sua prática imediata. Se demonstrássemos esse fato nos nossos indivíduos, obteríamos outro atributo valioso da consciência prática cujas características fundamentais estávamos investigando.

A última etapa dessa sequência foi o estudo da autoanálise e da autoconsciência. Esperávamos rejeitar a noção cartesiana do primado da autoconsciência, que atribui papel secundário à percepção do mundo exterior e das outras pessoas. Assumimos a posição oposta: a percepção de si é resultado da percepção clara dos outros, e os processos de autopercepção são construídos através da atividade social, o que pressupõe colaboração com os outros, bem como uma análise dos padrões de comportamento. Assim, o objetivo final de nossa investigação foi o estudo de como a autoconsciência é construída no exercício da atividade social humana.

Esse plano representou o esquema básico do nosso estudo comparativo e permitiu-nos atingir o objetivo fundamental: uma demonstração das alterações psicológicas fundamentais que ocorreram na consciência humana durante um realinhamento revolucionário vigoroso da história social — o desenraizamento rápido de uma sociedade de classes e a convulsão cultural que criou perspectivas de desenvolvimento da sociedade jamais imaginadas.

2

PERCEPÇÃO

A análise de alguns aspectos da percepção fornecerá certamente evidência clara da formação histórica dos processos psicológicos. A psicologia tradicional tratou a percepção visual como um processo natural acessível à investigação pelos métodos mais elementares da ciência natural. No estudo da percepção de cores, por exemplo, os primeiros investigadores se concentraram em processos Fisiológicos tais como a decomposição do pigmento visual, mistura de cores e contraste de cor; eles assumiram que as leis subjacentes a esses processos eram independentes das práticas sociais e não sofriam mudanças no curso da história social. Os cientistas que estudavam as leis psicológicas da percepção da forma também permaneciam dentro dos limites da ciência natural. Ao encararem esses fenômenos como comuns a toda a humanidade e não mutáveis através da história, os psicólogos esperavam encontrar as leis fisiológicas ou mesmo físicas a eles subjacentes.

Nas últimas décadas, contudo, o desenvolvimento da Psicologia solapou essas noções naturalísticas sobre a simplicidade relativa e imediatismo da percepção. A evidência acumulada sugere que a percepção é um processo complexo envolvendo complexas atividades de orientação, uma estrutura probabilística, uma análise e síntese dos aspectos percebidos e um processo de tomada de decisão. Em resumo, percepção é um processo complexo estruturalmente similar aos processos subjacentes às atividades cognitivas mais complexas (ver LINDSAY; NORMAN, 1972). Exemplos retirados da percepção de cor e de forma demonstram essa afirmação.

O psicólogo americano Jerome S. Bruner notou corretamente que toda percepção é um processo ativo, inerentemente complexo de classificar informações novas em categorias conhecidas, sendo um evento intimamente ligado às funções de abstração e generalização da linguagem. O olho humano pode distinguir até dois ou três milhões de matizes diferentes, mas o ser humano possui somente vinte a vinte e cinco nomes de cores; uma pessoa que percebe um determinado matiz isola seus aspectos primários e o classifica em uma categoria de cor. O mesmo é verdade para a percepção de formas geométricas, que raramente se adaptam ao ideal geométrico. Portanto, a percepção humana deve invariavelmente incluir as tarefas de isolar os aspectos essenciais da forma e catalogá-las na categoria geométrica mais próxima. Todas as simulações da percepção pelo computador envolvem um processo complexo de análise e síntese incluindo a "tomada de decisão", que situa qualquer forma dada em uma categoria estrutural particular. Desde que reconheçamos que a percepção é uma atividade cognitiva complexa que emprega dispositivos auxiliares e envolve uma participação íntima da linguagem, devemos alterar radicalmente as noções clássicas de percepção como um processo não mediado, dependente somente de leis relativamente simples da ciência natural.

Podemos então concluir que, estruturalmente, a percepção depende de práticas humanas historicamente estabelecidas que podem não só alterar os sistemas de codificação usados no processamento da informação, mas também influenciar a decisão de situar os objetos percebidos em categorias apropriadas. Podemos, portanto, tratar o processo perceptual como similar ao pensamento gráfico: ele possui aspectos que mudam com o desenvolvimento histórico.

A abordagem histórica requer que prestemos atenção aos códigos historicamente estabelecidos envolvidos na percepção, inclusive naquele referente a objetos e propriedades relativamente simples. Ela nos força a duvidar de que as leis da cor e da forma permanecem "imutáveis" para sempre. De fato, essas leis possuem uma natureza historicamente limitada. Por exemplo, as categorias familiares da percepção de cores (vermelho, amarelo, verde, azul) ou da percepção de formas (quadrados, triângulos, trapézios e assim por diante) somente expressam regras perceptuais típicas dos seres humanos, cuja consciência vem sendo formada sob a influência de categorias estabelecidas durante um período particular de tempo, notadamente sob a influência de determinados conceitos aprendidos na escola.

Como a percepção muda nos diferentes estágios do desenvolvimento? Quais são as relações entre a percepção e a experiência prática? Como podemos caracterizar a percepção das pessoas que, além de não terem frequentado a escola, também não possuem as faculdades conceituais adquiridas somente através da instrução sistemática? Como as pessoas designam as cores ou formas geométricas, como as generalizam e, finalmente, de que maneira elas analisam e sintetizam as formas visuais?

Nossa hipótese é que nem o processamento da informação visual elementar nem a análise dos objetos visuais se conformam com as leis tradicionais da Psicologia. Além disso, afirmamos que essas leis se aplicam somente a um período relativamente breve da história. Nosso objetivo aqui é analisar a nomeação e classificação das cores e das figuras geométricas. De forma suplementar, discutiremos ainda as ilusões visuais, que também indicam o caráter histórico da percepção. Nossa análise começa com a perspectiva de Vygotsky, segundo a qual a natureza semântica e sistemática dos processos psicológicos se aplica tanto à percepção quanto às outras atividades mentais.

A questão se a percepção de cores muda de acordo com o desenvolvimento cultural da sociedade tem sido bastante estudada. Desde os primórdios da psicologia fisiológica, os investigadores observaram que as bases fisiológicas da percepção de cores permaneceram imutáveis através do desenvolvimento histórico. Contudo, desde o inicio, eles chamaram atenção para as profundas diferenças estruturais no vocabulário das cores nos diferentes sistemas de linguagem e também para os possíveis efeitos que essas estruturas poderiam ter sobre os processos cognitivos. Tal hipótese, primeiramente proposta por Humboldt e aceita por vários linguistas, veio a ser chamada de hipótese de Sapir-Whorf: os aspectos linguísticos têm um impacto sobre a percepção e em particular sobre a percepção de cores. As línguas podem distinguir entre certas diferenças de cor e ignorar outras, algo que inevitavelmente leva a diferentes agrupamentos. Os eruditos estudaram o nome das cores na linguagem bíblica, nas línguas africanas (VIRCHOW, 1878, 1879; RIVERS, 1901), e diferenças em termos referentes a cores na língua grega e nas línguas índicas (ALLEN, 1879; MAGNUS, 1877, 1880, 1883).

Essas descobertas levaram a várias tentativas experimentais para determinar se as diferenças estão restritas à esfera da linguagem ou se elas influenciam, e dessa forma propiciam, diferenças reais na percepção de cores. Rivers

(1901), por exemplo, realizou alguns experimentos sobre a discriminação e a comparação de diferentes cores de amostras de lá (primeiramente utilizadas por HOLMGREN); ele concluiu que quando uma língua possui somente um nome para o azul e o verde, tais cores são frequentemente confundidas. Conclusões similares são encontradas no trabalho de Woodworth (1905-1906), Ray (1952), Levi-Strauss (1953), Brown e Lenneberg (1954), Lenneberg e Roberts (1956) e Conklin (1955).

Todos esses cientistas notaram que a ausência de nomes especiais para grupos de cores, bem como a presença de um grande número de subcategorias para outras cores não é um fato resultante das peculiaridades fisiológicas da percepção de cores, mas decorrente da influência da cultura: o interesse que as pessoas apresentam por certas cores e a falta de interesse em relação a outras (RIVERS, 1901; WOODWORTH, 1905-1906; RAY, 1952: WHORF, 1956: e muitos outros). Eles também concluíram que o grande número de expressões existentes para certas cores e a pobreza linguística de semelhantes termos para outras cores são o resultado das diferenças observadas na importância prática que as diferentes cores possuem em diferentes culturas. Por exemplo, muitas línguas de populações que vivem próximas ao Ártico contêm dúzias de termos para nuanças de branco (expressões para se referirem a diferentes tipos de neve um fato de importância prática), enquanto nuanças de vermelho e verde que não possuem a mesma importância prática faltam em seu vocabulário (ver HUNT, 1962; HOIJER, 1954; e outros).

Em algumas culturas primitivas, nomes categoriais de cores não são predominantes; ao invés disso, as pessoas se utilizam de nomes figurativos associando cores a situações concretas que possuem significância prática para elas (RIVERS, 1901, e outros). Assim, estudos interculturais sobre a nomenclatura da percepção de cores corroboram as conclusões de que o nome das cores se desenvolve por meio de estreita associação à prática, afetando a percepção. De que modo as diferentes formas de atividade prática interferem no nome das cores? Que ocorrências na atividade prática levam a determinadas mudanças no nome das cores? Como uma atividade prática particular afeta a manipulação e a associação de cores, ou a comparação e generalização de cores?

PROCEDIMENTO

Várias cores são apresentadas a um sujeito. Solicita-se a ele que as nomeie e então as categorize, dividindo-as em tantos subgrupos quantos lhe pareça apropriado para classificá-las em grupos de cores similares. Experimentos especiais foram conduzidos para obter agrupamentos "forçados". Nessas tentativas, os sujeitos devem dividir as cores ou formas em um determinado número de grupos ou avaliar algum grupo formado pelo experimentador. Para determinar as bases da classificação, utilizamos objetos que são similares em alguns aspectos, mas não em outros (por exemplo, triângulos desenhados com linhas contínuas, linhas pontilhadas, cruzes, e assim por diante).

Foi realizado também um experimento em separado, envolvendo a avaliação (e classificação) de figuras incompletas. Através da observação de como os sujeitos nomeiam e classificam as formas incompletas, pudemos verificar se as mesmas "leis da percepção", que os psicólogos da Gestalt consideravam invariantes em todos os períodos históricos, estavam presentes nesses sujeitos. Um número entre cinquenta e oitenta sujeitos foi envolvido nesse experimento; conforme observamos, eles provinham de diferentes grupos populacionais com qualificações educacionais e experiências diversificadas: mulheres *ichkari* (analfabetas), homens camponeses (analfabetos), ativistas de fazendas coletivas, mulheres estudantes em cursos pré-escolares (semialfabetizadas), e mulheres estudantes de uma escola de professores. O material foi coletado pelo autor, juntamente com L. S. Gazaryants e E. N. Mordkovich.

Designação e classificação dos matizes de cores

A maioria das línguas modernas possui um número limitado de nomes gerais para as categorias de cores (amarelo, vermelho, azul e verde, por exemplo); a maior parte desses nomes perdeu a conexão que uma vez teve com nomes de objetos, embora em alguns casos (laranja, rosa, violeta) vestígios dessa ligação ainda persistam. Nomes categoriais são usados para denotar a grande maioria das cores, e nomes de objetos são usados para se referir a uma pequena minoria. Além disso, nas culturas modernas, a nomeação de cores é quase uniforme, mas não é assim em culturas menos desenvolvidas; cores de significância prática são nomeadas por um número bem maior de termos do que as cores de pouca importância prática.

A nomeação de cores em Uzbek é similar à de outras línguas indo-europeias. Uma exceção é o *kok* da língua Uzbek, que pode referir-se ou ao verde ou ao azul.

Designação de cores. Apresentava-se aos sujeitos pequenos novelos de lã (ou seda) de diferentes cores:

1. rosa-brilhante	15-17. nuanças de azul
2. vermelho	18. azul-celeste
3. vermelho-vinho	19. azul-celeste-claro
4. amarelo-escuro	20. violeta

5. amarelo-claro	21. laranja
6. amarelo-esbranquiçado	22. marrom
7. amarelo-limão	23. rosa-claro
8. amarelo-esverdeado	24. rosa-escuro
9. palha	25. rosa-saturado
10-13. nuanças de verde	26. cinza
14. preto	27. castanho

Solicitava-se aos sujeitos que nomeassem essas cores. Os ativistas das fazendas coletivas e as estudantes responderam aproximadamente como as crianças em idade escolar de Moscou e como os estudantes. Eles frequentemente designavam as cores através de nomes categoriais (azul, vermelho, amarelo), com refinamentos ocasionais (amarelo-claro, azul-escuro). Os sujeitos algumas vezes tinham dificuldades na nomeação das cores (particularmente as de número 16, 18, 19, 23, 24 e 26), e mencionavam a inadequação de seu vocabulário. As respostas frequentemente ocorriam da seguinte forma: "Para nós, *uzbeks*, uma máquina de costura é chamada de "máquina", um forno, de "máquina", e um trator também é uma "máquina". E o mesmo com as cores. Os homens não conhecem as cores e as chamam todas de "azul" (este sujeito era Yunus, um trabalhador das fazendas coletivas, fazendo um curso de educação para adultos). Nomes de objetos (pistache, cor da romã, e assim por diante) foram empregados raramente (16%). As mulheres *ichkari* forneceram resultados no outro extremo do contínuo objeto-categoria. Elas deram nomes de cores mais ricos e mais diversificados do que os trabalhadores das fazendas coletivas e estudantes. A relação entre nomes categoriais e de objetos gráficos se mostrou inteiramente diferente. Os dois grupos forneceram aproximadamente o mesmo número de nomes categoriais de cores (9 no primeiro, 7 no segundo). Contudo, o primeiro grupo forneceu três vezes mais nomes categoriais modificados. Nomes gráficos e de objetos predominaram claramente no segundo grupo (9 no primeiro, 21 no segundo). Uma pequena lista dos nomes gráficos e de objetos encontrados nos dois grupos toma este ponto mais claro (os números em parênteses indicam quantas vezes o nome do objeto foi utilizado).

Trabalhadores em fazendas coletivas e estudantes	Mulheres *ichkari*
Íris (9)	mancha de fruta (4) íris (1)
romã (1)	pêssego (7) fígado (1)
pêssego (2)	rosa (1) algodão estragado (3)
pistache (3)	pistache (10) açúcar mascavo (1)
tabaco (2)	estrume de vitelo (10) dente cariado (1)
fígado (2)	estrume de porco (10) broto de algodão (1)
vinho (1)	ervilha (1) esfregado (1)
tijolo (1)	lago (1) um monte de água (1)
algodão estragado (7)	céu (1) difícil de traduzir (3) (duas versões) papoula (1) (?) ar (1)

Em termos da distribuição de frequência, os nomes categoriais predominaram no primeiro grupo, mas foram relativamente pouco frequentes no segundo, enquanto que a situação se reverteu no tocante aos nomes gráficos e figurativos. Houve uma predominância clara dos nomes gráficos e de nomes de objetos entre as mulheres *ichkari*, e de nomes categoriais entre os trabalhadores das fazendas coletivas.

O sumário dos dados de todos os grupos, apresentados na Tabela 1, exibe o mesmo padrão.

TABELA 1

Grupo	Número de Nomes	Sujeitos Figurativos
Mulheres *tchkari*	11	59,5%
Mulheres em cursos pré-escolares	15	30,5%
Ativistas das fazendas coletivas	16	16,7%
Mulheres das escolas de professores	10	16,3%

AGRUPAMENTO DE CORES

Essas diferenças na nomeação das cores são refletidas nos agrupamentos ou nas classificações?

O resultado do agrupamento de cores variou nos diferentes grupos. Sujeitos com nível de desenvolvimento cultural relativamente alto (ativistas das fazendas coletivas, jovens com algum tipo de educação formal) não tiveram dificuldades na classificação das cores, separando-as em vários grupos. Eles inspecionavam os novelos de lã ou seda e os dividiam em grupos, que algumas vezes identificavam com os nomes categoriais apropriados e sobre os quais outras vezes simplesmente diziam: "Esta é a mesma cor, somente um pouco mais clara" ou alguma coisa assim. Frequentemente arrumavam as cores em sete ou oito grupos. Quando instruídos a modificar a classificação e tornar os grupos maiores, combinando as cores em cinco grupos, faziam isso imediatamente. Somente em alguns poucos casos esses sujeitos começavam a agrupar as cores de acordo com a sua saturação ou brilho: contudo, quando requisitados, eles imediatamente modificavam o princípio e colocavam os novelos em grupos de cores.

Contudo, o grupo das mulheres *ichkari* nos apresentou um sistema totalmente diferente. Como regra, a instrução de dividir as cores em grupos criava uma completa confusão e trazia à baila respostas do tipo: "Isto não pode ser feito", "nenhuma delas é a mesma, você não pode colocá-las junto", "Elas não se parecem nem um pouco", ou "Isto parece excremento de vitelo, e isto é como o pêssego". As mulheres frequentemente começavam por colocar diferentes novelos juntos, e então tentavam explicar seu agrupamento de cor, mas balançavam a cabeça com perplexidade e falhavam completamente na realização da tarefa. Algumas substituíam o agrupamento solicitado, de cores primárias, por um arranjo de brilho ou saturação decrescente A série resultante incluía o rosa-claro, o amarelo-claro e o azul-claro, ou uma série única de um contínuo de cores sem distinção clara. Devido à persistente sugestão, muitos sujeitos chegaram a resolver o problema separando as cores em grupos, mas ficou óbvio que assim o faziam como uma concessão ao experimentador, continuando eles próprios convictos de que as cores "não se pareciam e não poderiam ser colocadas juntas".

Aproximadamente 20% dos sujeitos nesse grupo ou continuavam a se recusar a colocar as cores em grupos que "não se pareciam" ou separá-las em um grande número de pequenos grupos. Enquanto regra, isso envolvia uma classificação mista, alguns grupos incluindo nuanças de uma mesma cor (vermelho, verde e outras), outros incluindo cores organizadas por brilho ou saturação (azul-escuro, vermelho-escuro e verde-escuro ou rosa-claro, amarelo-claro e branco). Esses sujeitos podiam atribuir algumas nuanças de uma cor a uma categoria específica, isto é, dar-lhes uma classificação unitária.

O comportamento idiossincrático dos sujeitos nesse grupo foi particularmente acentuado nos experimentos de classificação "forçada". Quando solicitados a agrupar as cores em cinco grupos, os sujeitos se recusaram, afirmando que "não podia ser feito", que então "elas não se pareceriam", ou que "as escuras e as claras ficariam juntas", ou que "elas não ficam bem juntas". Somente quando lhes foi dito para usarem mais do que cinco grupos, é que um terço dos sujeitos foi capaz de realizar a tarefa; novamente aqui, eles incluíram nuanças de cores diferentes, escolhendo cada grupo com base no brilho e saturação.

A Tabela 2 mostra que um quinto das mulheres *ichkari* falhou na classificação, enquanto um quarto delas substituiu a classificação requisitada por um arranjo em série contínua de saturação crescente ou decrescente. Somente metade dos sujeitos foram capazes de separar os matizes em grupos isolados, esses grupos incluíam tanto matizes de mesma coloração quanto matizes de diferentes colorações de brilho ou saturação similar. Os demais sujeitos, que agruparam as cores de acordo com categorias-padrões, não demonstraram a mesma dificuldade na classificação.

Tabela 2

Grupo	Núm. de sujeitos	Falha na classificação	Arranjo por nuanças em série	Classificação por cores primárias
Mulheres *ichkari*	11	18,2%	27,3%	54,5%
Mulheres na pré-escola	15	0	6,3	93,7%

Ativista das fazendas coletivas	16	0	5,8	94,2%
Mulheres das escolas de professores	10	0	0	100%

Nenhuma das mulheres *ichkari* separou as cores em um pequeno número de grupos (Tabela 3). Por outro lado, 20% dessas mulheres mostraram uma tendência para separá-las em um grande número de pequenos grupos, combinados pela cor, saturação ou brilho. A característica mais típica desse grupo foi não só de recusa em fazer uma classificação "forçada", mas também de demonstração de uma completa inabilidade para dividir as matizes em um pequeno número de grupos . Os outros sujeitos não apresentaram um único episódio de falha em realizar uma classificação "forçada". A maioria deles podia facilmente dividir as cores em cinco (ou algumas vezes em seis ou sete) categorias solicitadas.

Apesar da ausência de expressões de uma só palavra em *uzbek* para denotar categorias de cores-padrão (similares àquelas de outras línguas), o uso de nomes categoriais e a função que eles possuem na classificação das cores diferiam daqueles de sistemas mais desenvolvidos.

Como vimos, entre as mulheres *ichkari*, que são altamente familiarizadas com o bordado, predominam nomes gráficos e de objetos para as cores, ao invés de nomes categoriais. Consequentemente, o processo pelo qual elas agrupam e classificam as cores é tão diferenciado que impede de designá-las nas categorias distintas descritas na literatura sobre a psicologia da percepção e codificação das cores. Geralmente, indivíduos com educação formal não apenas possuem uma série de designações categóricas para as cores, mas também as colocam em uso, enquanto o nosso grupo de sujeitos emprega um procedimento de classificação bastante diferente.

TABELA 3. CLASSIFICAÇÃO LIVRE E FORÇADA DOS MATIZES DE CORES (NÚMERO MÉDIO DE MANEIRAS DE CLASSIFICAÇÃO DE 25 A 27 MATIZES: PORCENTAGENS)

Grupo	Classificação livre (número de grupos)						Classificação forçada		
	N.	Recusas	12-17	10-12	7-10	5-7	Recusas	5	5
Mulheres *ichakari*	10	20	20	10	50	0	70	30	0
Mulheres na pré-escola	15	0	6,1	18,3	63,4	12,2	0	18,2	81,8
Ativistas das fazendas	16	0	5,8	35,4	58,8	0	0	25	75
Mulheres das escolas de professores	10	0	11,2	22,3	55,4	11,2	0	57,2	42,8

Um número considerável de mulheres *ichkari* se recusou a realizar qualquer operação de classificação abstrata, substituindo-a por uma de "seleção" de cores, e arranjando-as em determinado espectro em termos de combinações de saturação, brilho ou cor. Seus agrupamentos de cores eram tipicamente fracionados. As tentativas de obtenção de um agrupamento de cor, no qual somente a cor primária aparecesse em cada grupo tentativas de forçar o desengajamento de sua percepção de cor não imediata levaram a uma falha na realização da tarefa Essa forma não mediada de se relacionar com as cores, sem fracioná-las pelo prisma dos nomes categoriais, é bastante característica desse grupo, porque sua experiência prática imediata se relaciona a esse tipo de operação com as cores.

Uma operação de tal natureza com as cores desaparece entre os grupos mais desenvolvidos, visto que a nomeação categórica das cores se toma mais e mais proeminente Este último tipo de nomeação começa a ter um papel importante na designação das cores em grupos específicos. Em resumo, o processo de classificação das cores assume a forma familiar de manipulação de categorias de cores, abstraindo-se as nuanças diretamente percebidas de brilho e saturação Podemos, portanto, concluir que mudanças psicológicas profundas devem ter acontecido.

A NOMEAÇÃO E A CLASSIFICAÇÃO DE FIGURAS GEOMÉTRICAS

No primeiro quarto do século vinte, uma das mais importantes áreas da investigação psicológica era a percepção de figuras geométricas. Os psicólogos da Gestalt tentaram descrever as leis básicas da percepção estrutural a fim de encontrar os processos que uniam a Psicologia e a Física e constituíam as bases naturais dos processos cognitivos humanos. No entanto, um aspecto essencial desse estudo da percepção geométrica residia no fato de que o tipo de sujeitos utilizados era extremamente limitado. Em geral, os sujeitos eram bem educados — usualmente com treino universitário, apresentando um passado acadêmico tanto em Psicologia quanto em Geometria. Assim como nos experimentos da escola de Würzburg sobre a psicologia do pensamento, nos quais os membros das faculdades serviam como sujeitos, também o trabalho dos psicólogos da Gestalt sobre a percepção das formas geométricas demonstrava principalmente a percepção de pessoas com um treinamento altamente especializado.

Nosso objetivo era determinar se as leis da percepção descritas pelos psicólogos da Gestalt eram as mesmas para sujeitos criados em diferentes sistemas socioeconômicos.

Nossa hipótese era a seguinte. Se a percepção das figuras geométricas abrange um processo com uma estrutura semântica complexa, baseado em um sistema que envolve o isolamento de aspectos-chave, a escolha dentre várias alternativas e a "decisão", este processo dependerá consideravelmente da natureza da experiência prática do sujeito. Uma pessoa cuja atividade diária é caracterizada principalmente por condições concretas, gráfico-funcionais e pela prática, obviamente distinguirá e perceberá aspectos geométricos diferentemente de uma outra que pode basear-se no treino teórico e em um sistema de conceitos geométricos bastante diferenciado.

Algumas investigações recentes sugerem que a percepção das formas geométricas depende muito das condições culturais, sendo, portanto diferente, em diferentes condições culturais (HALLOWELL, 1951, 1955; SEGALL; CAMPBELL; HERSKOVITS, 1966). Alguns investigadores observaram, por exemplo, que pessoas vivendo em um "mundo tecnologicamente mais avançado" tendem a isolar ângulos e linhas retas, enquanto outras, vivendo em condições diferentes não fazem isso (BRUNSWICK; KAMIYA, 1953; SEGALL; CAMPBELL; HERSKOVITS, 1966). Experimentos envolvendo a rotação de um círculo em seu eixo mostraram uma constância de forma maior nos povos togo da África do que entre europeus (BEVERIDGE, 1935, 1939). Essas observações isoladas sugerem que a percepção das formas geométricas varia de uma cultura para outra. Em particular, tais fatos propõem que, sob condições culturais diferentes, a maneira de enxergar as formas geométricas, que são objetos reais, pode criar padrões de percepção da estrutura geométrica bastante diferente daqueles descritos pelos psicólogos da Gestalt.

Uma vez que desejávamos verificar o palpite de que a percepção da forma dependeria bastante da experiência prática do sujeito, conduzimos uma série de testes nos quais sujeitos de diferentes grupos avaliavam ou nomeavam diferentes figuras geométricas e então classificavam as formas similares em grupos separados.

Para tornar a análise (isolamento dos principais aspectos, designação das figuras sob certos termos e o agrupamento de figuras) acessível à investigação, apresentamos aos sujeitos figuras geométricas pertencentes à mesma categoria, mas tendo formas diferentes. As figuras podiam estar completas ou incompletas, "claras" (somente o contorno) ou "escuras" (solidamente colorida); podiam ser formadas por linhas contínuas ou por elementos discretos (pontos, cruzes e outros; ver Figura 1). Determinamos então que aspectos os sujeitos isolavam como básicos, as categorias às quais eles designavam cada figura em particular, bem como seus critérios para classificar as figuras. Como nas séries precedentes, os sujeitos eram mulheres *ichkari*, mulheres da pré-escola, ativistas *kolkhoz*, e mulheres estudantes de uma escola de professores.

FIGURA 1. FIGURAS GEOMÉTRICAS
APRESENTADAS AOS SUJEITOS

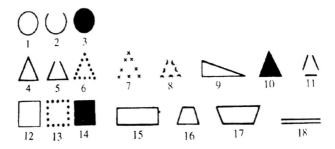

NOMEAÇÃO DE FIGURAS GEOMÉTRICAS

Somente o grupo com maior educação formal — estudantes da escola de professores — nomeou as figuras geométricas pelos seus nomes categoriais (círculos, triângulos, quadrados e assim por diante). Esses sujeitos também designaram as figuras construídas por elementos discretos como círculos, triângulos e quadrados, e figuras incompletas como alguma coisa parecida com um "círculo", ou como "alguma coisa parecida com um 'triângulo'". Os sujeitos davam nomes concretos de objetos ("régua" ou "metro", por exemplo) somente em casos isolados. Os sujeitos de outros grupos nos apresentaram resultados bastante diferentes.

As mulheres *ichkari*, como se poderia esperar, não fizeram nenhuma designação por categoria (geométrica) a qualquer das figuras apresentadas. Elas designaram todas as figuras com nomes de objetos. Assim, um círculo chamavam de prato, peneira, balde, relógio ou lua; um triângulo, de *tumar* (um amuleto *uzbek*): e um quadrado, de espelho, porta, casa ou tabuleiro de secagem de damascos. Elas tratavam um triângulo feito de cruzes como bordado em ponto de cruz, uma cesta ou estrelas; elas julgavam um triângulo feito de pequenos semicírculos como um *tumar* de ouro, ou unhas, letras, e assim por diante. Nunca designaram um círculo incompleto como um círculo, mas quase sempre como um bracelete ou um brinco, e percebiam um triângulo incompleto como um *tumar* ou estribo. Assim, a avaliação das figuras geométricas abstratas desse grupo era decididamente concreta e orientada para o objeto, e tal tendência predominava claramente sobre a percepção de formas geométricas abstratas.

Os dados obtidos nos outros grupos foram intermediários por natureza, mas todos os sujeitos, exceto aqueles da escola de professores, usaram predominantemente nomes orientados para objetos ao invés de nomes categoriais (Tabela 4).

TABELA 4. NOMEAÇÕES DAS FIGURAS GEOMÉTRICAS
(PORCENTAGENS)

Grupo	Número de sujeitos	Nomes orientados	Nomes para categorias
Mulheres *ichkari*	18	100	00,0
Mulheres na pré-escola	35	85,3	14,7
Ativistas das fazendas coletivas	24	59,0	41,0
Mulheres na escola de professoras	12	15,2	84,8

Os sujeitos que percebiam as formas de uma maneira orientada para o objeto não demonstraram nenhuma característica correspondente àquelas descritas pelas leis gestálticas da percepção estrutural. Nossos sujeitos interpretaram triângulos e quadrados feitos de pontos ou cruzes como estrelas, relógios ou colares, e não como representações interrompidas de triângulos e quadrados. Julgavam um circulo ou um triângulo incompleto como um bracelete, rumar, ou um dispositivo para medir querosene, mas não como uma figura geométrica incompleta. Dessa forma, temos razões para acreditar que as leis da "boa forma" (*prägnanz*) e da continuação estrutural (ou amplificação), como descritas pelos psicólogos da Gestalt, são totalmente claras somente para os sujeitos que dominam os conceitos geométricos e não se manifestam entre pessoas que percebem formas de uma maneira orientada para objetos com uma cuidadosa checagem e informação adicional, esta visão pode ter um papel na análise específica da psicologia da percepção de formas geométricas em diferentes estágios do desenvolvimento histórico.

Classificação das figuras geométricas

Na percepção abstrata, formas geométricas individuais são "representativas" de algumas classes principais (círculos, triângulos, quadrângulos, e assim por diante); uma pessoa cujos processos cognitivos foram desenvolvidos através de uma educação formal não apresenta dificuldades em designar essas figuras por essas classes geométricas, mesmo se as figuras diferirem bastante umas das outras na primeira impressão. Os "aspectos individuais" das figuras são ignorados, os aspectos principais das "classes geométricas" são isolados, e uma "decisão" é tomada, com base nesses critérios.

Qual seria a resposta de sujeitos cuja percepção de formas geométricas, concreta e orientada por objetos predomina sobre a percepção geométrica abstrata e cujo processo de "codificação" das figuras geométricas é diferente? Essas diferenças criaram certas dificuldades para a classificação de figuras, pois os aspectos gráficos que funcionavam como fatores de separação foram intensificados, enquanto os aspectos comuns que tornavam as figuras parecidas foram atenuados . Para as estudantes da escola de professores, o processo de classificação pouco diferiu do familiar: as figuras foram classificadas em categorias separadas. Em geral, todos os tipos de triângulos foram combinados em um único grupo, bem como todos os tipos de quadrângulos ou círculos, apesar dos contornos diferentes. De qualquer maneira, não houve dificuldades em abstrair da impressão imediata criada pela forma externa, cor, tamanho ou modo de execução. Os nomes categoriais mediavam a percepção claramente sistemática de figuras geométricas.

Os outros sujeitos apresentaram um quadro diferente. As mulheres *ichkari*, e até certo ponto os homens camponeses, percebiam as figuras geométricas de uma maneira orientada por objetos, e isto determinava sua classificação. Por exemplo, um grupo de figuras incluía algumas outras que eram percebidas como o mesmo objeto; algumas vezes tais grupos eram identificados por aspectos individuais (cor ou modo de execução. por exemplo) de tal forma que figuras similares em termos do seu conteúdo subjetivo ou modo de execução eram associadas. Como resultado, o quadrado (12), julgado como uma janela, e o retângulo longo (15), como uma régua, apareciam em grupos diferentes. Os sujeitos se recusavam a combiná-los, mesmo depois de receberem instruções apropriadas. Por outro lado, se duas figuras tais como o quadrado e o triângulo truncado (12 e 16) eram percebidos como molduras de janelas ("uma está boa, a outra torta"), elas eram imediatamente combinadas em um grupo.

Os exemplos que se seguem dão ideia de como os processos de agrupamento das figuras geométricas ocorreu.

Sujeito: Alieva, 26 anos, mulher de um vilarejo isolado, analfabeta.

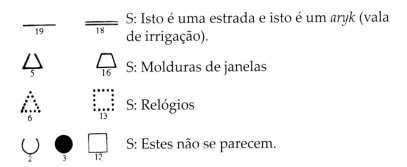

S: Isto é uma estrada e isto é um *aryk* (vala de irrigação).

S: Molduras de janelas

S: Relógios

S: Estes não se parecem.

E: Eles poderiam ser combinados diferentemente?

S: Estes são relógios (6 e 13), portanto não podem ser. Como podem os relógios ser iguais a qualquer outra coisa? E estes são molduras de janelas (5 e 16), eles não podem ser colocados juntos com a estrada (19) ou a água (18). Mas este mapa (12) poderia ser colocado com as molduras (5 e 16).

E: E o 12 e o 18 poderiam ser colocados juntos?

S: Não, de jeito nenhum!

E: Por quê? Eles não são parecidos?

S: Não, isto é um mapa (12) e isto é a água no *aryk* (18), eles não ficam juntos.

E: E o 12 e o 13?

S: Não, eles não podem... Isto é um relógio (13), e isto é um mapa (12). Que você teria se pusesse os dois juntos? Como podem um mapa e um relógio ser colocados juntos?

E: Não há realmente nada parecido nesses dois desenhos?

S: As linhas são parecidas; este aqui (13) é feito de pontos e este outro (12) de linhas, mas as coisas são diferentes um relógio (13) e um mapa (12)...

Sujeito: Shir-Mukham, 27 anos, mulher de um vilarejo isolado, quase analfabeta.

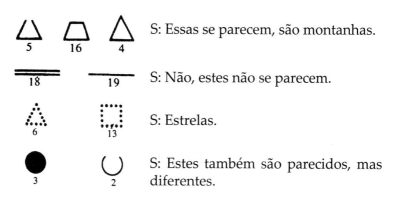

E: Eles poderiam ser agrupados diferentemente de tal forma que todos se parecessem?

S: Não, eles não poderiam.

E: E estes, poderiam ser colocados juntos (12 e 15)?

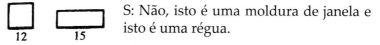

S: Não, isto é uma moldura de janela e isto é uma régua.

Sujeito: Khamid, 24 anos, mulher de um vilarejo isolado.

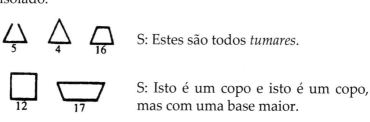

S: Esta lua deve ficar sozinha.

S: Este fio deve ficar sozinho.

E: Não poderíamos colocar estes juntos (12 e 15)?

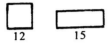 S: Isto é um copo e isto é um prato de sopa, eles não podem ficar juntos.

E: E estes (3 e 2)?

  S: Não, isto é uma moeda e isto é uma lua.

E: E estes (12 e 13)?

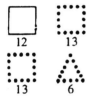 S: Não, eles não se parecem. Este aqui não se parece com um relógio, mas este aqui é um relógio porque tem pontinhos.

S: Veja você mesmo — eles se parecem, porque ambos têm pontinhos.

Sujeito: N., 19 anos, mulher *ichkari*, analfabeta.

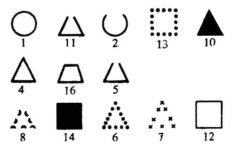

O sujeito definiu 1 como um prato, 11 como uma tenda, 2 como um bracelete, 13 como um colar, 10 como um *tumar*, 4 como um porta-chaleira, 16 como um espelho, 5 como um berço, 8 como um *tumar* de ouro, 14 como um espelho, 6 como um relógio *uzbek*, 7 como um *tumar* de prata e 12 como um espelho. Quando solicitada a classificar as figuras, ela colocou 7 e 8 juntas ("são tumares valiosos"), e também 12; 14, e 16 ("espelhos"), declarando que nenhum dos outros era similar.

Nós poderíamos dar mais exemplos, mas os fatos que apresentamos demonstram claramente que o princípio de agrupamento de formas geométricas desses sujeitos é diferente daquele a que estamos acostumados. Um fator decisivo aqui é a forma pela qual os sujeitos avaliam a figura como um objeto, ou o seu modo de execução. Quando solicitados a combinar diferentes figuras em grupos, eles procuram as condições concretas nas quais as figuras-objetos podem "aparecer" comumente. Os exemplos seguintes, que ilustram as diferenças básicas no princípio de agrupamento de objetos, possuem um interesse especial.

Sujeito: P., 60 anos, mulher de um vilarejo isolado, analfabeta.

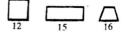

S: Estes são iguais, os lados são construídos da mesma forma.

S: Estes dois estão inacabados; eles foram colocados juntos para ser acabados.

S: Eles não se parecem, mas a cor é semelhante.

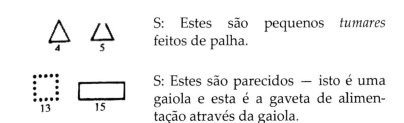

S: Estes são pequenos *tumares* feitos de palha.

S: Estes são parecidos — isto é uma gaiola e esta é a gaveta de alimentação através da gaiola.

S: Este é um pequeno balde para leite coalhado e esta é uma panela para o creme.

Sujeito: Kuis, 25 anos, mulher de um vilarejo isolado, analfabeta.

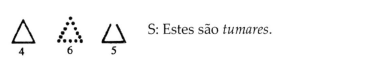

S: Estes são *tumares*.

S: Isto é uma janela, e isto é a moldura de uma porta (Tenta colocar um desenho sobre o outro). Mas eles são diferentes.

E: Estes poderiam ser colocados juntos (12 e 15)?

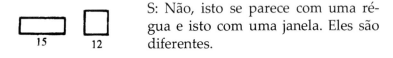

S: Não, isto se parece com uma régua e isto com uma janela. Eles são diferentes.

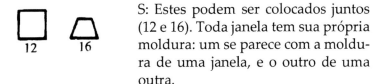

S: Estes podem ser colocados juntos (12 e 16). Toda janela tem sua própria moldura: um se parece com a moldura de uma janela, e o outro de uma outra.

E: E estes poderiam ser colocados juntos (2 e 3)?

3   2

S: As formas são parecidas, mas um é como um relógio e o outro com uma ferradura, você pode colocá-los juntos, mas eles não se parecem.

Os exemplos mostram quanto a percepção dos sujeitos que frequentaram a escola, onde utilizaram conceitos geométricos abstratos, difere da percepção de sujeitos que foram criados sob a influência de atividades práticas concretas orientada? Para os objetos. As leis da percepção da forma são as mesmas, e embora dominem a percepção de figuras geométricas nos indivíduos culturalmente avançados, elas são avaliadas como de pouca importância por outros sujeitos, que dão preferência à percepção orientada pelos objetos concretos. A Tabela 5 fornece um resumo dos dados.

Tabela 5. Classificação das Figuras Geométricas

Grupo	Classificação				
	Número de Sujeitos	Falha na classificação	Orientada pelo objeto	Por aspectos gráficos	Por aspectos geométricos
Mulheres *ichkari*	18	21,8	20,4	57,8	0
Mulheres na pré-escola	35	18,3	8,4	55,0	18,3
Ativistas das fazendas coletivas	24	12,8	11,6	30,8	44,8
Mulheres da escola de professores	10	0	0	0	100

Experimentos com ilusões visuais

As ilusões visuais envolvem a percepção errônea de determinadas linhas ou formas. Pensava-se que a estabilidade e a universalidade das ilusões visuais requeriam alguma explicação em termos dos mecanismos fisiológicos comuns a todas as pessoas. As muitas ilusões visuais incluem o conhecido efeito de Miiller-Lyer, no qual duas linhas iguais parecem diferentes se flechas forem colocadas em suas extremidades e direcionadas para dentro em um dos casos e para fora em outro; a ilusão de tamanho que "muda", se dois círculos idênticos são rodeados por círculos menores ou maiores; a ilusão de perspectiva, na qual duas figuras de igual tamanho parecem diferentes se posicionadas entre linhas convergentes que dão a impressão de perspectiva; a ilusão que ocorre quando uma de duas distâncias iguais entre pontos é deixada vazia e a outra preenchida com pontos, e muitas outras.

Os mecanismos fisiológicos subjacentes a essas ilusões ainda não foram estudados adequadamente. A pesquisa nas últimas décadas indica que as ilusões dependem muito do movimento do olhar na medida em que ele percorre a área ocupada pela figura. A maior parte dos investigadores acredita que todas as ilusões possuem uma base física relativamente simples. As ilusões visuais raramente são consideradas dependentes do desenvolvimento cultural e passíveis de aparecer com diferentes frequências em diferentes estágios do desenvolvimento histórico.

De acordo com nossa hipótese, toda a percepção visual possui uma estrutura semântica complexa e está baseada em um sistema que muda com o desenvolvimento histórico. Ela incorpora diferentes tipos de processamento da informação visual — algumas vezes a impressão direta, outras vezes refratada pelos prismas da experiência prática orientada pelos objetos, e em outras, ainda, mediada pela linguagem e pela maneira de analisar e sintetizar o material coletado dessa forma.

Essa hipótese implica uma outra: na transição para condições históricas mais complexas de formação dos processos cognitivos, a percepção visual também se modifica.

As mudanças nos processos mentais que coletamos, observando a percepção de figuras geométricas, deve também se manifestar nas ilusões visuais. Se os mecanismos que determinam o aparecimento das ilusões são de fato diferentes nas diferentes etapas do desenvolvimento histórico, nossa pesquisa confirmará isto. As ilusões baseadas em fatores fisiológicos relativamente simples provavelmente permanecerão imutáveis; aquelas com uma base mais complexa se manifestarão diferentemente sob condições diferentes, e talvez desapareçam completamente em alguns casos.

Por um longo tempo, a noção de que as ilusões visuais diferem em algumas culturas, podendo resultar de outras causas e não de leis fisiológicas elementares, permaneceu inteiramente desconsiderada pela psicologia da percepção. Como consequência, a literatura sobre a percepção contém poucos dados que confirmem a opinião de que as ilusões visuais são historicamente condicionadas.

O primeiro investigador a sugerir origens culturais para as ilusões visuais foi W. H. R. Rivers (1901), que notou que os todas da Índia estavam muito menos sujeitos a ilusões visuais que os europeus. Ele afirmava que há diferentes classes de ilusões, algumas mais dependentes das condições culturais (por exemplo, a ilusão do comprimento das linhas vertical e horizontal era mais frequente entre os todas do que a ilusão de MÜLLER-LYER).

O condicionamento histórico e cultural das ilusões recebeu mais atenção na década passada. As ilusões sobre perspectiva geométrica são muito mais frequentes entre os habitantes das cidades; entre os zulus que habitam florestas densas, a ilusão da janela trapezoide ocorre em somente 14% da população, enquanto que nos zulus que habitam ambientes mais abertos ela ocorre em 64% (ALLPORT; PETTIGREW, 1957). Psicólogos aventaram a hipótese de que muitas ilusões visuais aparecem somente sob condições econômicas e culturais urbanas e são encontradas com menor frequência entre os habitantes das florestas que moram em choças de caniço polido. Assim, as raízes das ilusões visuais devem ser procuradas menos nas leis fisiológicas da percepção visual e mais nas condições histórico-sociais externas (SEGALL; CAMPBELL; HERSKOVITS, 1963, 1966; e outros).

Em nosso estudo (do qual MORDKOVICH; GAZARYANTS também participaram), os sujeitos de diferentes grupos observaram figuras que geralmente levam a ilusões visuais, para determinar se tais ilusões apareciam em todos os casos.

Apresentamos vários tipos de ilusões (Figura 2). Algumas continham relações diferentes de figura e fundo; em outras, algumas distâncias foram "preenchidas" ou não; e outras ainda envolviam avaliações errôneas de alguma área comum.

FIGURA 2. ILUSÕES VISUAIS APRESENTADAS AOS SUJEITOS DOS DIFERENTES GRUPOS

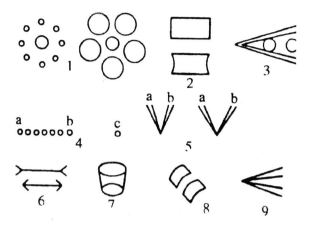

Tentamos determinar se os fenômenos ilusórios familiares estavam presentes em todos os nossos sujeitos. Se as ilusões visuais não fossem universais, quais delas permaneceriam e sob que condições e quais não permaneceriam?

Os resultados indicam que as ilusões visuais não são universais. O número de ilusões flutuou bastante, aumentando para 75,6% conforme aumentava o nível educacional dos sujeitos (Tabela 6). Ficou evidente que, mesmo entre as estudantes da escola de professores, as ilusões nem sempre ocorriam (somente em 70%-80% dos sujeitos). O número de casos decrescia proporcionalmente nos grupos cujas qualificações educacionais eram mais baixas. Assim, os dados mostram claramente que *as ilusões visuais estão ligadas a processos psicológicos complexos que variam de acordo com o desenvolvimento sócio-histórico.*

Como indica a Tabela 6, a presença de uma ilusão visual particular varia de um grupo para outro. Podemos facilmente distinguir estruturas geométricas específicas que levam a uma alta percentagem de ilusões entre os sujeitos com um alto nível educacional, mas não levam a ilusões entre sujeitos analfabetos.

A ilusão de Müller-Lyer aparece entre quase todos os sujeitos (ver Figura 2), mesmo entre as mulheres *ichkari* (dois terços delas). Assim, podemos assumir que tal ilusão é bastante elementar e independente da atividade cognitiva. Estudos recentes (YARBUS, 1965) indicam que movimentos oculares surgem do movimento reflexo dos olhos sobre a área geral ocupada pela figura. Isto nos leva a uma explicação bastante clara para os nossos resultados.

Tabela 6. Número de Ilusões Visuais (percentagens)

Grupo	Número de sujeito	Número de Ilusão (ver Figura 2)									
		1	2	3	4	5	6	7	8	9	Média
Mulheres *ichkari*	9	33,3	66,6	0	33,3	11,1	66,6	0	11,1	33,3	29,2
Camponeses	25	20,8	36,8	10,5	37,5	25,0	95,8	16,1	29,1	20,8	44,7
Mulheres na pré-escola	25	64,0	60,0	24,0	60,8	36,0	92,0	—	—	—	50,4
Ativistas das fazendas coletivas	40	85,0	72,5	45,0	62,5	77,5	100	52,2	47,5	70,0	70,2
Mulheres na escola de professores	38	92,1	68,4	39,4	81,5	71,0	89,9	—	—	—	75,6

As ilusões percebidas principalmente pelos sujeitos com educação formal incluem a ilusão de perspectiva (3) e outras associadas com a percepção de relações entre os elementos geométricos estruturais (5, 7 e 9). Há razões para supor que essas ilusões resultam de processos mentais mais complexos e de hábitos adquiridos através da instrução especializada. A percepção de perspectiva, por exemplo, está relacionada à educação (DEREGOWSKI, l968a e 1968b).

Contudo, nossos dados são preliminares. Os mecanismos subjacentes a essas ilusões deveriam tornar-se mais claros, se nos fosse possível realizar um experimento especial no qual pudéssemos variar as condições que produzem as ilusões ou fazem com que desapareçam. Em nossa opinião, contudo, os dados mostram claramente como os processos perceptivos vistos até aqui como puramente fisiológicos (e, portanto, universais) são influenciados pelo desenvolvimento sócio-histórico.

Começamos nossa análise sobre como a história forma a consciência através da investigação de processos psicológicos particulares, especificamente através de formas de percepção usualmente tidas como bastante elementares e adequadas somente a análise fisiológica.

Os dados mostram que mesmo processos relativamente simples, envolvendo a percepção de cores e de formas geométricas, dependem consideravelmente da experiência prática dos sujeitos e de seu ambiente cultural.

Os fatos sugerem, portanto, que as conclusões das investigações atuais sobre a percepção de cor e forma se aplicam de fato somente aos indivíduos formados com influências culturais e acadêmicas, isto é, a pessoas com um sistema de códigos conceituais para os quais tais percepções estão adaptadas. Em outras condições sócio-históricas, nas quais a experiência de vida é basicamente determinada pela experiência prática e aonde a influência da escolaridade ainda não chegou a ter um efeito, o processo de codificação é diverso porque a percepção de cor e forma se adapta a um sistema diferente de experiências práticas, sendo designada por um sistema diferente de termos semânticos e estando sujeita a leis diferentes.

3

GENERALIZAÇÃO E ABSTRAÇÃO

Os experimentos a respeito de classificação têm uma longa história e, hoje em dia, desempenham papel importante na pesquisa sobre processos cognitivos. Ach (1905) desenvolveu testes pioneiros de classificação de objetos para descrever certos tipos básicos de pensamento lógico que provariam que todas as pessoas têm o mesmo potencial inato de abstração e generalização. Mais tarde, seus testes tornaram-se procedimentos padronizados e foram usados pelos eminentes psicólogos Goldstein (1948) e Vygotsky (1962). Goldstein e seu colaborador Weigl utilizaram-nos em seu trabalho pioneiro para distinguir entre a classificação de objetos feita por pessoas normais e com lesão cerebral. Em classificação abstrata ou categoria, o sujeito normal forma uma categoria distinta, selecionando objetos correspondentes a um conceito abstrato. Esse tipo de classificação produz ocorrências de categorias abstratas como *vasilhas, ferramentas, animais* ou *plantas* em um grupo apropriado, independente de os objetos particulares serem ou não encontrados juntos alguma vez. Um machado, uma serra, uma pá, uma lançadeira e uma agulha de tricô são colocados na categoria ferramentas; um cachorro, um elefante, um urso polar, uma girafa e um rato são colocados na categoria animais. A maneira de apresentação dos objetos (sob forma de desenhos ou brinquedos, por exemplo) e seu tamanho, cor e material são irrelevantes. Classificação categoria] implica pensamento verbal e lógico complexo que explora o potencial da linguagem de formular abstrações e generalizações para selecionar atributos e subordinar objetos a uma categoria geral. Deve-se notar que o pensamento categorial é geralmente bastante flexível; os sujeitos passam prontamente de um atributo a outro e constroem categorias adequadas. Classificam objetos pela substância (animais, flores, ferramentas), pelo material (madeira, metal, vidro), pelo tamanho (grande, pequeno), pela cor (claro, escuro) ou por outra propriedade. A capacidade de se mover livremente, de mudar de uma categoria para outra é uma das características principais do "pensamento abstrato" ou do "comportamento categorial" essencial a ele.

Goldstein e seu colaborador chamaram o segundo tipo de classificação de pensamento concreto ou situacional. Os sujeitos que tendem a esse tipo de classificação não separam os objetos em categorias lógicas, mas os incorporam a situações gráfico-funcionais extraídas da vida e reproduzidas de memória. Esses sujeitos agrupam objetos como mesa, toalha de mesa, prato, garfo, faca, pão, carne e maçã, construindo, assim, uma situação "de refeição" em que tais objetos têm determinado uso. Claramente, a operação verbal e lógica requerida para a abstração de certos aspectos do objeto, para subordiná-los a categorias distintas de pensamento, não constitui a base psicológica desse tipo de classificação. Ao contrário, tal capacidade depende de pensamento situacional, no qual os objetos são agrupados não de acordo com algum princípio geral de lógica, mas por razões idiossincráticas várias. Qualquer desses grupos poderia ser ampliado para incluir os mais diferentes objetos (todos eles, entretanto, pertinentes a uma dada situação). Além disso, diversamente da sistematização categorial, o modo de organização concreto ou situacional é indiscutivelmente rígido. Os sujeitos a ele submetidos têm a maior dificuldade de prescindir do pensamento visual e mudar para um outro princípio de classificação. Goldstein e seus colaboradores observaram exemplos claros desse fenômeno em pacientes com doenças cerebrais orgânicas, particularmente entre aqueles cujos processos de pensamento não eram mediados pela linguagem.

O trabalho de Vygotsky sobre formação de conceitos coincidiu com o de Goldstein, mas se desenvolveu independente, com hipóteses diferentes e com outros métodos e tarefas. Goldstein acreditava que uma "orientação abstrata" ou um "pensamento categorial" tinham papel central na determinação de vários métodos usados para classificar fenômenos perceptivos. Vygotsky interpretava as diferenças nas interpretações que se fazem da realidade como diferenças no sistema de ele« mentos psicológicos que orientam tais interpretações. Do seu ponto de vista, a linguagem é o elemento mais decisivo na sistematização da percepção; na medida em que as palavras são, elas próprias, produto do desenvolvimento sócio-histórico, tornam-se instrumentos para a formulação de abstrações e generalizações e facilitam a transição da reflexão sensorial não mediada para o pensamento mediado, racional. Ele afirmava, portanto, que o "pensamento categorial" e a "orientação abstrata" são consequência de uma reorganização fundamental da atividade cognitiva que ocorre sob o impacto de um fator novo, social — uma reestruturação do papel que a linguagem desempenha na determinação da atividade psicológica.

Vygotsky lançou-se a uma análise mais minuciosa da formação de conceitos. Queria descrever pormenorizadamente todos os estágios em que as palavras aparecem nas interpretações da realidade — queria observar como todo o complexo processo de formação de conceitos está enraizado no uso das palavras, as quais, afirmava, adquirem significados diferentes nos estágios sucessivos de desenvolvimento.

Na teoria de Vygotsky, a ideia de que o significado de uma palavra evolui — que ela quer dizer coisas diferentes em diferentes estágios, refletindo, assim, os fenômenos de diversas maneiras — baseia-se na suposição de que os processos psicológicos que orientam o uso das palavras são, eles próprios, sujeitos a mudança, principalmente mediante fatores socioeconômicos. Vygotsky acreditava, corretamente, que o estudo das mudanças de significado permitiria aos psicólogos analisar a estrutura semântica e sistêmica da consciência. Acreditava que o método de Goldstein para estudar classificação produzia informação insuficiente, uma vez que alguns sujeitos haviam adquirido um cabedal de experiência que já os guiava e, portanto, tornava impossível estudar a formação de novos conceitos. Vygotsky decidiu introduzir um método que lhe permitisse observar como os sujeitos desenvolviam conceitos completamente novos. Utilizou em grande parte o mesmo método desenvolvido por Ach no estudo da formação de conceitos artificiais, sendo que a diferença estava em que, na análise de Vygotsky, a palavra artificial introduzida tornava-se o principal agente de formação de conceitos. Ele era capaz, assim, de determinar como a palavra adquiria novo significado nos estágios básicos de desenvolvimento.

Vygotsky observou que o procedimento da criança para classificar formas geométricas (aquelas que podiam ser designadas por um palavra artificial) varia de acordo com o estágio de desenvolvimento. Verificou as variações que ocorrem tanto na estrutura lógica dos conceitos que a criança desenvolve, quanto nos processos psicológicos que a capacitam a classificar fenômenos.

Durante os primeiros estágios do desenvolvimento de uma criança, as palavras não são um fator de organização. Não tendo um princípio lógico para agrupar objetos, ela percebe cada objeto isoladamente e os "amontoa" todos juntos de maneira desordenada.

Esse estágio é seguido por outro que pode ser considerado o primeiro verdadeiro estágio de classificação. Nesse ponto as palavras ainda não aparecem significativamente como um meio independente de classificação; entretanto, a criança já, começou a comparar objetos. Tal comparação, com certeza, baseia-se estritamente na impressão gráfica que a criança tem dos objetos os atributos físicos que ela seleciona. Nesse estágio ela pode isolar as propriedades concretas de cor, forma ou tamanho e comparar dois objetos com base em tais propriedades. Ao fazer essas comparações, entretanto, ela perde rapidamente de vista o atributo originalmente selecionado e muda de um atributo para outro. Consequentemente, organiza um grupo ou uma cadeia de objetos, cada um deles incluído por razões particulares diversas. A criança ainda não desenvolveu um princípio geral unificado de operação; sendo assim, não é capaz de construir uma categoria geral unificada. Ela vai agrupar objetos tais como um círculo azul grande (cor), um triângulo azul pequeno (forma), um quadrado verde pequeno (tamanho), um cubo verde pequeno (cor), e assim por diante. O grupo de objetos resultante não reflete nenhum conceito unificado, mas um complexo de objetos, cada um deles incluído no grupo de maneira individual. A estrutura lógica de tal complexo sugere, na verdade, uma família, na qual um indivíduo está incluído como "filho", outro como "irmão", e um terceiro como "mãe" de uma determinada figura central. Num grupo mais extensivo, um indivíduo pode representar o "filho" de uma figura central, outro a "esposa" desse filho, um terceiro o "irmão da esposa", e assim sucessivamente. Esse tipo de estrutura lógica de grupo pode ser observado quando objetos são incorporados a uma situação geral da qual cada um participa de uma forma particular (Exemplo de agrupamento desse tipo é a situação "de refeição" acima mencionada: uma "cadeira" seria usada para sentar à mesa, uma "toalha" para cobrir a mesa, uma "faca" para cortar pão).

Os processos psicológicos que orientam esse modo de codificar um padrão característico não se baseiam numa palavra que permitiria a seleção de um atributo comum e a denotação de uma categoria que subordina logicamente objetos discretos. Ao contrário, o fator determinante na classificação de objetos em complexos é a percepção gráfica ou a recordação gráfica das várias inter-relações entre os objetos. A operação intelectual fundamental para essa classificação ainda não adquiriu a qualidade lógico-verbal do pensamento maduro, mas é, por natureza, gráfica e baseada na memória. De acordo com Vygotsky, tais processos de pensamento são típicos de crianças pré-escolares mais velhas e de crianças da escola elementar.

Em contraste com esse tipo de pensamento, o próximo estágio de desenvolvimento o estágio de formação de conceitos é marcadamente diferente (a transição para esse estágio é produzida pela mudança, provavelmente gradual, que ocorre em toda a esfera de atividade de uma criança quando ela entra na escola).

Quando a criança atinge a adolescência, as operações lógicas que ela usa para interpretar a realidade e os processos psicológicos que orientam seu pensamento sofreram nítida mudança. Ela não generaliza já com base em suas impressões imediatas, mas isola certos atributos distintos dos objetos como base de categorização; a essa altura, faz inferências sobre os fenômenos, destinando cada objeto a uma categoria específica (relacionando-o a um conceito abstrato). Já atingiu um estágio que alguns investigadores preferem chamar de período de "analise através da síntese". Depois de estabelecer um sistema taxonômico bem fundado para subordinar diversos objetos a uma mesma categoria, o adolescente desenvolve um esquema conceitual hierárquico que expressa "graus de similaridade" progressivamente maiores (por exemplo: rosa flor plantas mundo orgânico). Daqui em diante esse esquema determinará todo o seu método de classificação. Obviamente, uma vez que a pessoa tenha feito a transição para tal modo de pensamento, ela se concentrará, principalmente, nas relações "categoriais" entre os objetos e não em seu modo concreto de interação.

É fácil compreender que os elementos psicológicos que orientam a cognição taxonômica diferem completamente dos processos presentes nos métodos gráficos de generalização. Estes baseiam-se na experiência prática de um indivíduo, enquanto que o centro do pensamento "conceitual" ou "categorial" está na experiência compartilhada da sociedade, transmitida através de seu sistema linguístico. Essa referência a critérios sociais abrangentes transforma os processos de pensamento gráfico num esquema de operações semânticas e lógicas em que as palavras se tornam o principal instrumento de abstração e generalização.

Não há dúvida de que a transição do pensamento situacional para o pensamento taxonômico conceitual está relacionada a uma mudança básica no tipo de atividade em que o indivíduo está envolvido. Enquanto a atividade está enraizada em operações gráficas, práticas, o pensamento conceitual depende das operações *teóricas* que a criança aprende a realizar na escola[3]. Como o professor "programa" esse treinamento, ele resulta na formação de conceitos "científicos" e não "cotidianos"[4]. Igualmente importante é

---

(3)   Deve-se notar que estudos de desenvolvimento infantil ainda não esclareceram a natureza especifica de tal atividade prática.

(4)   No seu trabalho clássico *Linguagem e Pensamento* (1962), Vygotsky fez uma discussão detalhada da distinção entre esses dois tipos de conceitos.

o fato de que a transição do pensamento visual para o conceitual não apenas afeta o papel assumido pelas palavras no processo de codificação, mas muda também a própria natureza das palavras: o significado de que elas estão impregnadas. Como Vygotsky observou, enquanto impressões emocionais ou ideias concretas dão colorido ao significado das palavras nos estágios iniciais do desenvolvimento um sistema semântico historicamente desenvolvido controla seu significado posteriormente, de modo que as palavras funcionam para produzir abstrações e generalizações.

Vygotsky baseou sua teoria da evolução do significado e da gênese dos novos modos de reflexão em suas observações e pesquisas sobre os estágios consecutivos do desenvolvimento da criança. Resta-nos esclarecer as seguintes questões. Como o significado das palavras se modifica em estágios consecutivos da sociedade humana? O potencial de generalização de uma pessoa escolarizada permanece o mesmo para adultos de todas as sociedades? Sistemas sócio-históricos com padrões culturais diversos desenvolvem modos de generalização que refletem a realidade de maneiras marcadamente diferentes? O procedimento de categorização de objetos de acordo com propriedades essenciais é característico do pensamento adulto em toda parte? Ou métodos de generalização mais concretos prevalecem em sociedades nas quais predominam tipos de atividade rudimentar? Se é verdade que diferentes sistemas sociais produzem diferentes tipos de generalização, que efeito terão os avanços culturais e históricos no padrão de pensamento de uma pessoa? Será que ela manterá sua abordagem habitual a generalização ou sua exposição aos novos tipos de atividade, particularmente aqueles inculcados pela educação, produz uma mudança radical no seu método preferido? Tendo em vista as transformações profundas que a ordem social sofre quando a maioria de sua população torna-se alfabetizada, que mudanças ocorrem em seus processos cognitivos?

MÉTODOS DE PESQUISA

Apresentavam-se aos sujeitos desenhos de quatro objetos, três dos quais pertencentes a uma categoria e o quarto a outra. Perguntava-se aos sujeitos quais os três objetos "semelhantes" que poderiam ser "colocados em um grupo", "designados por uma mesma palavra", e também qual "não pertencia ao mesmo grupo" ou não poderia ser designado pela palavra que se aplicava aos outros três[5]. Utilizamos uma série de treino para demonstrar esse modo de classificação e demos informações dei talhadas sobre os princípios utilizados para incluir três dos objetos (mamíferos) em um grupo e para excluir o quarto (pássaro). Em seguida a este pré-treino, prosseguimos com as observações básicas.

Selecionamos os objetos a serem classificados de tal modo que poderiam ser agrupados de acordo com um de dois princípios: a) referência a uma categoria taxonômica; e b) participação em uma situação prática. Um grupo de objetos como um martelo, uma serra, uma tora e um machado cumpre esses requisitos. Eles poderiam ser classificados de acordo com o critério abstrato, taxonômico "ferramentas" (martelo, serra, machado) ou em relação a uma situação prática ("serrar e cortar a madeira"). Este último tipo de classificação incluiria os objetos utilizados para realizar alguma função em tal situação (serra, tora, machado).

Esses critérios foram empregados para selecionar uma série de outros grupos de objetos tais como *copo — panela — óculos — garrafa; árvore — rosa — espiga — pássaro; olho — dedo — boca — orelha.* Também utilizamos uma varian-

---

(5) Deve-se ressaltar que o termo *uzbek ukhshaidi* tem precisamente o mesmo significado que as palavras russas para "semelhante" e "parecido", mas que termos diferentes (*moskeldi* ou *togrykeldi*) são utilizados para dar o significado de "apropriado" ou "adequado".

te do teste que julgamos ser mais compreensível para esses sujeitos. Nessa versão, apresentamos desenhos de três objetos que pertenciam claramente a uma categoria e pedimos que os sujeitos selecionassem um quarto objeto adequado entre dois ou três desenhos adicionais. Geralmente, apenas um destes últimos pertencia à primeira categoria, de acordo com um único critério semântico. O outro (ou outros) poderiam ser agrupados com os três originais somente se o sujeito usasse alguma situação prática como base de sua classificação. Nessa variação do experimento, *machado, cutelo, pá* eram a série básica, e o sujeito deveria escolher dentre serra, espiga, tora; ou então árvore, flores e *espiga* formavam a série básica à qual rosa ou pássaro poderiam ser adicionados.

Para determinar tanto a confiabilidade das respostas dos sujeitos quanto os processos psicológicos específicos que as orientam, pedíamos a eles que definissem cada grupo de objetos que tinham organizado. Durante a discussão propúnhamos também uma solução alternativa. Assim, se o sujeito tivesse agrupado os objetos de acordo com uma situação prática, dizíamos: "Alguém resolveu o problema de forma diferente" (colocou tais e tais objetos em um grupo). "Por que será que ele fez assim?" "Ele estava certo ou errado?" Ouvir o sujeito analisar sua própria solução bem como a de um "alguém" hipotético revelava mais coisas a respeito dos processos psicológicos que determinaram suas respostas. Assim, estávamos mais aptos para julgar quão fácil seria para ele passar de um para outro tipo de classificação.

Conduzimos o experimento em condições informais — mais frequentemente em uma casa de chá, onde, após uma longa conversa sem compromisso com os sujeitos, discutíamos o material do teste como se fosse um "jogo". Algumas vezes fazíamos o experimento simultaneamente com dois ou três sujeitos, que estudavam os desenhos, discutiam, e frequentemente interrompiam o outro para dar suas próprias opiniões.

Cinquenta e cinco pessoas, com idades entre 18 e 65 anos, participaram do experimento. Vinte e seis eram camponeses dos vilarejos, dos vales ou montanhas de Fergana: alguns deles trabalhavam a terra sozinhos; outros, em fazendas coletivas que tinham acabado de se organizar; todos esses sujeitos eram analfabetos. Dez outros sujeitos eram ativistas de fazendas coletivas que haviam feito cursos de pequena duração, mas liam e escreviam com dificuldade. Sete jovens eram estudantes; outros doze, também jovens, haviam frequentado a escola por um ou dois anos e estavam trabalhando em uma fazenda coletiva.

Resultados

Como se observou anteriormente, a maioria de nossos sujeitos nunca havia frequentado a escola e, portanto, não tinha treinamento sistemático em operações teóricas. Consequentemente, estávamos todos extremamente curiosos para observar que princípios aplicariam no agrupamento de objetos.

Quase todos os sujeitos ouviram atentamente as instruções e se puseram a trabalhar avidamente. No entanto, frequentemente mesmo desde o início em vez de tentarem selecionar objetos "semelhantes" (*ukhshaidi*), selecionaram "objetos apropriados para um fim específico".

Em outras palavras, substituíram uma tarefa teórica por uma prática: reproduzir as relações práticas entre objetos. Essa tendência tornou-se evidente no início da sessão experimental, quando os sujeitos começaram imediatamente a avaliar os objetos isoladamente e a nomear suas funções ("este" é necessário para tal e tal serviço, "este aqui" para outro). Eles não viam necessidade de comparar e agrupar objetos em termos abstratos e subordiná-los a categorias específicas[6]. Mais adiante no experimento muitos dos sujeitos foram capazes de superar tal tendência. Mesmo então, entretanto, tendiam a lidar com a tarefa como se fosse a de agrupar objetos de acordo com seu papel numa situação prática e não como uma operação teórica de incluí-los em categorias de acordo com algum atributo comum. Em outras palavras, reproduziam procedimentos retirados de sua experiência diária de trabalho. Consequentemente, agrupavam os objetos de maneira estritamente idiossincrática, reconstruindo uma situação gráfica na qual os objetos pudessem funcionar juntos.

Além disso, esses sujeitos não interpretavam as palavras como símbolos de categorias abstratas utilizáveis para a classificação de objetos. O que importava para eles eram ideias estritamente concretas sobre esquemas práticos, em que se poderiam incorporar objetos apropriados. Consequentemente, seu pensamento era completamente diferente daquele de sujeitos treinados para realizar operações teóricas.

Nossos sujeitos utilizaram pensamento concreto, "situacional", para organizar grupos extremamente resistentes à mudança. Quando tentamos sugerir outro grupo (baseado em princípios abstratos), geralmente o rejeitavam, insistindo que tal arranjo não refletia as relações intrínsecas entre os objetos, que uma pessoa que o tivesse adotado era "burra", "não entendia nada". Apenas em raros casos aceitaram a possibilidade de empregar tais meios de classificação, fazendo-o relutantemente, convencidos de que não era "im-

---

(6)   Nota do Editor — Aqui e ao longo deste capítulo Luria utiliza os termos classificação "abstrata" ou "lógica" para se referir à classificação que seleciona itens que pertencem à mesma categoria taxonômica

portante". Apenas as classificações baseadas em esquemas práticos os tocavam como "importantes" ou "corretas".

A tendência para reproduzir operações usadas na vida prática era o fator de controle entre os sujeitos sem instrução, analfabetos. Em contraposição, os sujeitos cujas atividades ainda se limitavam principalmente a trabalhos práticos, mas haviam feito alguns cursos ou frequentado escola por um curto período de tempo, inclinavam-se a usar os dois modos de generalização, prático e teórico (embora o primeiro predominasse claramente).

Um terceiro grupo de sujeitos, principalmente jovens ativistas em *kolkhoz*, com apenas um ou dois anos de escolaridade, não somente captaram o princípio de classificação categorial, mas o empregavam como seu método principal de agrupar objetos. Eles achavam relativamente fácil mudar do pensamento situacional para o abstrato: para eles, mesmo um breve período de treinamento produziu resultados.

Sendo assim, temos fortes razões para concluir que, embora nossos sujeitos preferissem agrupar objetos de acordo com esquemas práticos — considerando-os mais fundamentais e apropriados à sua vida diária — eles tinham algum potencial para envolver-se em atividades cognitivas complexas, abstratas. Para ilustrar essas generalizações, citamos alguns protocolos experimentais.

Sujeito: Rakmat, 39 anos, camponês analfabeto de um distrito periférico: raramente havia estado em Fergana, nunca em outra cidade. Foram-lhe apresentados os seguintes desenhos: *martelo — serra — tora — machadinha*.

S: São todos parecidos. Acho que todos devem estar aqui. Veja, se você vai serrar, você precisa uma serra, e, se você tem de cortar alguma coisa, você precisa uma machadinha. Assim, eles são todos necessários aqui.

(Emprega o princípio de "necessidade" para agrupar objetos numa situação prática.)

Tentamos explicar a tarefa com um outro exemplo mais simples.

E: Olhe, aqui você vê três adultos e uma criança. A criança claramente não pertence a esse grupo.

S: Ah, mas o menino tem de ficar com os outros! Os três estão trabalhando, né, e se tiverem de ficar saindo para pegar coisas nunca vão terminar o serviço, mas o menino pode sair por eles... O menino vai aprender; assim será melhor, então todos poderão trabalhar bem juntos.

(Aplica o mesmo princípio de agrupamento.)

E: Olhe, aqui você vê três rodas e um alicate. Seguramente o alicate e as rodas não são parecidos de jeito nenhum, são?

S: Não, eles todos vão bem juntos. Eu sei que o alicate não parece com as rodas, mas você vai precisar dele se for necessário apertar alguma coisa nas rodas.

(Atribui novamente funções aos objetos numa situação prática.)

E: Mas você pode usar uma palavra para as rodas que não pode ser usada para o alicate, não é mesmo?

S: Sim, eu sei disso, mas você precisa ter o alicate. Você pode levantar ferro com ele, e é pesado, você sabe.

E: Mesmo assim, não é verdade que você não pode usar a mesma palavra para as rodas e o alicate?

S: Claro que não.

Nós pegamos o grupo original: *martelo — serra — tora — machadinha.*

E: Quais dessas coisas você poderia chamar por uma só palavra?

S: Como? Se você chama todos de "martelo", também não estaria certo.

(Rejeita o uso do termo geral.)

E: Mas uma pessoa pegou três coisas o — martelo, a serra e a machadinha — e disse que elas são parecidas.

S: Uma serra, um martelo e uma machadinha, todos têm de que trabalhar juntos. Mas a tora tem de estar aqui também!

(Volta para o pensamento situacional.)

E: Por que você acha que ele pegou essas três coisas e não a tora?

S: Provavelmente ele tem um monte de lenha, mas, se nós ficássemos sem lenha, não poderíamos fazer nada.

(Explica a seleção em termos estritamente práticos.)

E: Está cedo, mas um martelo, uma serra e uma machadinha são todas as ferramentas.

S: Sim, mas, mesmo quando temos ferramentas, precisamos de madeira — senão não podemos construir nada.

(Persiste no pensamento situacional apesar do desvendamento do termo categoria.)

Apresentam-se, então, ao sujeito desenhos de *pássaro — espingarda — punhal — bala.*

S: A andorinha não cabe aqui... Não, essa é uma espingarda. Está carregada com uma bala e mata a andorinha. Daí você tem de cortar o pássaro com o punhal, pois não há outro jeito.

93

(Rejeita tentativas de classificação categorial; volta ao pensamento situacional para incluir todos os objetos.)

S: O que eu disse antes sobre a andorinha está errado! Todas essas coisas ficam juntas!

E: Mas essas são armas. E a andorinha?

S: Não, ela não é uma arma.

E: Então isso quer dizer que esses três ficam juntos e a andorinha não?

S: Não, o pássaro tem de ficar também, senão não haverá nada para matar.

Apresentam-se desenhos de *copo* — *panela* — óculos — *garrafa*.

S: Esses três vão juntos, mas por que você colocou os óculos aqui eu não sei. Mas eles também cabem. Se uma pessoa não vê muito bem, ela tem de colocar os óculos para jantar.

E: Mas uma pessoa me disse que uma dessas coisas não pertence a esse grupo.

S: Provavelmente esse tipo de pensamento corre no seu sangue. Mas eu digo que todas elas têm que ver. Você não pode cozinhar no copo, você tem de enchê-lo. Para cozinhar você precisa da panela e para ver melhor você precisa dos óculos. Você precisa de todas essas quatro coisas, é por isso que elas foram colocadas aqui.

(Substitui a tentativa inicial de agrupar vasilhas para cozinhar pela busca de um esquema prático no qual os objetos estejam inter-relacionados.)

Sujeito: Mirzanb, 33 anos, sem instrução; trabalha num Vilarejo; esteve em Fergana uma vez, nunca em outra cidade.

São-lhe apresentados desenhos de *copo — panela — óculos — garrafa.*

S: Não sei qual das coisas não se encaixa aqui. Será a garrafa? Você pode beber chá no copo — isso é útil. Os óculos também são úteis. Mas há vodca na garrafa — isso é mau.

(Usa o princípio da "utilidade" para classificar os objetos.)

E: Você poderia dizer que os óculos não pertencem a esse grupo?

S: Não, óculos também é uma coisa útil.

Apresenta-se ao sujeito uma explicação completa de como três dos objetos se referem a categoria de "vasilhas para cozinhar".

E: Não estaria certo, então, dizer que os óculos não se encaixam nesse grupo?

S: Não, eu acho que a garrafa é que não tem que ver. Ela é prejudicial.

E: Mas você pode usar uma palavra — vasilhas — para esses três, certo?

S: Eu acho que há vodca na garrafa, por isso é que eu não a pegue... Mesmo assim, se você quiser que eu pegue... Mas, você sabe, a quarta coisa (óculos) também é útil.

(Despreza o termo genérico.)

S: Se você está cozinhando alguma coisa, você tem de ver o que você está fazendo, e, se os olhos de uma pessoa estão incomodando, ela tem de usar óculos.

E: Mas você não pode chamar os óculos de vasilha, pode?

S: Se você está cozinhando alguma coisa no fogo, você tem de usar os óculos, senão você não vai conseguir cozinhar.

Sujeito: Sher, 60 anos, camponês analfabeto do vilarejo de Yardan. A tarefa é explicada através do exemplo: *camisa — botas — boné — rato* e foram apresentadas ao sujeito desenhos de *martelo — serra — tora — machadinha*.

S: Eles todos cabem aqui! A serra tem de serrar a tora, o martelo tem de martelá-la e a machadinha tem de cortá-la. E, se você quiser cortar a tora realmente bem, você precisa do martelo. Você não pode levar nenhuma dessas coisas embora. Não há nenhuma de você não precise!

(Substitui classificação abstrata por pensamento situacional.)

E: Mas no primeiro exemplo eu lhe mostrei que o rato não combinava.

S: O rato não combinava! Mas aqui todas as coisas são muito parecidas (*ukshaidi*). A serra, serra a tora, e a machadinha a corta, você só tem de bater nela com mais força com o martelo.

E: Mas uma pessoa me disse que a tora não pertencia a este grupo.

S: Por que diria isso? Se nós dissermos que a tora não é como as outras coisas e a colocarmos de lado, estaremos cometendo um erro. Todas essas coisas são necessárias para a tora.

(Considera a ideia de utilidade mais importante que a de semelhança.)

E: Mas aquela outra pessoa disse que a serra, o martelo, e a machadinha são todos parecidos de alguma maneira, enquanto que a tora não é.

S: E daí que não são parecidos? Todos trabalham juntos e cortam a tora. Aqui tudo funciona direito, aqui está tudo certo.

E: Olhe, você pode usar uma palavra — ferramentas — para esses três, mas não para a tora.

S: Que sentido faz usar uma palavra para todos eles Se não vão trabalhar juntos?

(Rejeita o uso do termo genérico.)

E: Que palavra você poderia usar para essas coisas?

S: As palavras que as pessoas usam: serra, martelo, machadinha. Você não pode usar uma palavra para todos!

E: Não se poderia chamá-los de ferramentas?

S: Sim, poderia, só que uma tora não é uma ferramenta. Mesmo assim, a nosso ver, a tora tem de estar aqui. Senão, para que servem as outras coisas?

(Emprega, de novo, predominantemente, o pensamento situacional.)

Os exemplos citados indicam que não conseguimos levar esses sujeitos a realizar o ato abstrato de classificação. Mesmo quando captavam alguma semelhança entre os vários objetos, eles não davam importância a esse fato. Normalmente operavam com base na "utilidade prática", agrupando objetos em esquemas práticos em vez de categorizá-los. Quando nos referíamos a um termo genérico que poderiam usar para designar um grupo distinto de objetos, geralmente desprezavam a informação ou a consideravam sem importância. Ao contrário, apegavam-se à ideia de que os objetos deveriam ser agrupados em arranjos práticos. Continuavam a fazê-lo, mesmo quando apresentávamos objetos que, a nosso ver, seriam de difícil agrupamento por algum esquema autenticamente prático. Quando esclarecíamos o princípio de classificação abstrata, escutavam atentamente nossa explicação, mas não conseguiam levá-la em consideração. Os seguintes exemplos ilustram essa tendência.

97

Sujeito: Abdy-Gap, 62 anos, camponês analfabeto de um vilarejo isolado. Depois de explicada a tarefa, a seguinte série lhe é apresentada: *faca — serra — roda martelo*.

S: Eles são todos necessários aqui, cada uma dessas coisas. A serra para cortar a lenha; as outras para outros serviços.

(Avalia os objetos em termos de "necessidade" em vez de classificá-los.)

E: Não, três dessas coisas pertencem a um grupo. Você pode usar uma palavra para elas que você não pode usar para a outra.

S: Talvez seja o martelo? Mas ele também é necessário. Você pode bater pregos com ele.

O princípio de classificação é explicado: três dos objetos são "ferramentas".

S: Mas você pode afiar as coisas com uma roda. Se for uma roda de um araba (tipo de carro de boi), por que não colocá-lo aqui?

A capacidade do sujeito em aprender o princípio de classificação é testada com uma outra série: *baioneta — espingarda — espada — faca*.

S: Não há nada que você possa deixar de fora aqui! A baioneta é parte da arma. Um homem tem de usar o punhal do lado esquerdo e a espingarda do outro lado.

(Emprega novamente a ideia de necessidade para agrupar os objetos.)

O princípio de classificação é explicado: três dos objetos podem ser usados para cortar, mas a espingarda não.

S: Ela atira longe, mas de perto ela também pode cortar.

É apresentada, então, a série dedo boca orelha olho e dito que três objetos são encontrados na cabeça e o quarto no corpo.

S: Você diz que o dedo não é necessário aqui. Mas se uma pessoa não tem uma orelha, ela não pode ouvir. Todas essas coisas são necessárias, todas cabem aqui. Se um homem estiver sem um dedo, não pode fazer nada, nem mesmo mover uma cama.

(Aplica o mesmo princípio da resposta anterior.)

O princípio é explicado mais uma vez.

S: Não, isso não é verdade, você não pode fazer assim, você tem de deixar todas essas coisas juntas.

Seria difícil encontrar um exemplo mais claro a fim de provar que, para algumas pessoas, a classificação abstrata é um procedimento completamente estranho. Mesmo quando explicamos o princípio de classificação de forma bem detalhada, os sujeitos persistiram na sua própria abordagem.

As características típicas dessa abordagem ficaram evidentes em experimentos de grupo nos quais a questão de como os objetos deveriam ser classificados provocou viva discussão. Abaixo encontram-se dois exemplos das respostas obtidas em tais experimentos.

Os participantes eram: Kar Farf, 25 anos (1); Yarb Mamar, 32 anos (2); Mad Suleim, 26 anos (3). Os três sujeitos, camponeses analfabetos da aldeia de Palman ou nunca haviam estado numa cidade ou raramente haviam visitado uma. A seguinte série lhes foi apresentada: *martelo — serra — tora — machadinha*.

S1: Eles são todos parecidos. A serra irá serrar a tora e a machadinha a cortará em pedacinhos. Se uma dessas coisas tiver de ser retirada, eu jogaria fora a machadinha. Ela não funciona tão bem como uma serra.

(Inclui os objetos numa situação prática.)

S2: Também acho que são todos parecidos. Você pode serrar a tora com a serra, cortá-la com a machadinha, e, se não partir, você pode bater na machadinha com o martelo.

A tarefa é esclarecida através de outro exemplo: três bonés e uma camisa.

S2: Não, você não pode tirar nenhum desses. Todos são parecidos. Você pode usar o boné e também a camisa. Só estão faltando umas botas e uma outra coisa um cinto.

S1: Sim, esses quatro são parecidos.

S3: Eu jogaria fora o boné; é fora de moda e não fica bem com a camisa.

Novamente o princípio é explicado; os bonés são usados na cabeça e a camisa no corpo.

S1: Não, isso não está certo. De qualquer jeito eu me livraria do boné, é fora de moda.

E: Mas a camisa é algo que você possa pôr na cabeça?

S1: Se tivesse uma camisa bem bonita aí e um par de calças e umas botas, eu usaria um dos bonés para trabalhar e colocaria o outro quando fosse à casa de chá.

(Persiste no pensamento concreto, a despeito da explicação do princípio utilizado na classificação abstrata.)

E: Não seria correto dizer que os bonés são coisas que você usa na cabeça enquanto a camisa não?

S: Sim, você poderia dizer isso. Sim, claro.

E: Então a pessoa que retirou a camisa desse grupo estava certa?

S: Sim, um pouquinho.

(Reconhece a possibilidade de ambos os métodos, mas considera a classificação abstrata apenas parcialmente correta.)

Voltamos para a série original: *martelo — serra — tora — machadinha.*

S1: É o martelo que não combina! Você sempre pode trabalhar com uma serra, mas um martelo nem sempre serve, há muito pouca coisa que você pode fazer com ele.

S2: Você não pode jogar fora o martelo, porque quando você serra uma tora, você tem de meter uma cunha nela.

(Apresenta mesma tendência anterior.)

E: Mas uma pessoa deixou de fora a tora. Ela disse que, de algum modo, o martelo, a serra e a machadinha são todos parecidos, mas a tora é diferente.

S3: Se ela quiser fazer tábuas, não vai precisar da tora.

S1: Se estivéssemos pegando lenha para o fogão, poderíamos eliminar o martelo, mas, se estivermos pregando tábuas, podemos ficar sem a machadinha.

(Varia o grupamento conforme a situação descrita.)

E: Se você tivesse de colocar essas coisas em algum tipo de ordem, você poderia tirar a tora do grupo?

S1: Não, se você se livrar da tora, para que vão servir as outras coisas?

E: Mas essas três coisas são ferramentas, certo?

S1: Sim, são ferramentas.

E: E a tora?

S1, S2, S3: Ela também faz parte. Você pode fazer todo tipo de coisa com ela maçanetas, portas, até mesmo o cabo das ferramentas é feito de madeira!

S2: Nós dizemos que é uma ferramenta porque tudo é feito de madeira, então ela combina com as outras coisas.

E: Vamos supor que eu ponha um cachorro aqui em vez da tora.

S1: Então o cachorro não combinaria, ele vai bem com a espingarda (aponta a próxima série de desenhos).

(Cria nova situação.)

E: Então essas três coisas seriam semelhantes de alguma maneira?

S2: Se fosse um cachorro louco você poderia bater nele com a machadinha e com o martelo e ele morreria.

(Persiste na abordagem predominante: objetos são agrupados estritamente de acordo com usos práticos.)

E: Mesmo assim, essas três coisas não são parecidas de alguma maneira?

S2: Não, o que está faltando aqui é um homem, um trabalhador. Sem ele não há nada parecido entre essas três coisas.

S3: Você tem de deixar a madeira aqui! Não há nada parecido entre essas três coisas a menos que a tora esteja aqui. Se você deixar a tora, elas são todas necessárias, mas, se você não deixar, para que elas servem?

E: Mas você pode usar uma palavra ferramentas para elas, não pode?

S1, S2, S3: Sim, claro.

E: E você não pode usar essa palavra para tora?

S: Não.

E: Isso significa que essas três têm alguma semelhança?

S: Sim.

E: Se eu pedir para você pegar as três coisas que você pode chamar por uma só palavra, quais você pegaria?

S1: Eu não entendo.

S2: As quatro.

S3: Se não pegarmos a tora, não teremos nenhuma necessidade das outras três.

(Substitui o uso do termo genérico por argumentos sobre funções práticas.)

E: Mas uma pessoa me disse que uma tora não é uma ferramenta. Afinal, ela não pode cortar, não pode serrar.

S3: Não, quem lhe disse isso deve ser louco. Para fazer uma ferramenta você precisa de uma tora. Parte da tora é usada par fazer o cabo de uma serra, de modo que a força de uma tora também é usada no corte. A tora não pode cortar sozinha, mas junto com a machadinha ela pode.

E: Mas eu não poderia chamar um pedaço de madeira de ferramenta, poderia?

S3: Sim, poderia. Os cabos são feitos dela.

S2: Veja essa amoreira — você pode fazer cabos para ferramentas com ela.

Depois de uma longa discussão sobre os objetos que podem ser chamados de "ferramentas", demos aos sujeitos a seguinte série: *copo — panela — óculos — garrafa.*

S3: A panela e os óculos combinam. O copo vai muito bem com a garrafa. Se ela estiver cheia de vodca, você pode ir para uma sombra e tomar um bom drinque. Ótimo! Esses realmente combinam!

(Considera objetos que "combinam" os necessários numa situação concreta.)

S3: Nós podemos comer macarrão da panela, mas não precisamos dos óculos.

E: Mas nós temos de escolher três coisas que sejam de alguma forma parecidas.

S2: A garrafa não serve aqui. Tem bebida dentro e isso custa muito dinheiro.

(Aplica o mesmo princípio.)

S3: Eu lhe digo que se tivesse muito dinheiro, compraria a garrafa e beberia a vodca.

E: Se você tivesse de escolher três coisas de acordo com uma característica comum, qual seria ela?

S2: Se eu escolhesse o copo, seria porque eu iria precisar dele para beber chá. A panela serve para cozinhar, e os óculos para uma pessoa cujos olhos incomodam. Mesmo se você sente dor só uma vez por ano, os óculos são úteis. Veja, você sabe, todas essas coisas são vendidas nas lojas porque as pessoas precisam delas. Assim você tem de pegar todas elas.

E: Mas uma pessoa deixou de fora o óculos, dizendo que eram um tipo de coisa diferente.

S2: Não! Essa pessoa é uma boba! O que uma pessoa deve fazer se seus olhos doerem?

E: Mas as outras três são vasilhas de cozinha (*idish*), não são?

S2: A seu modo a outra também é uma vasilha.

E: Mas todas essas coisas têm a ver com comida.

S3: Sim, mas quando uma pessoa chega aos trinta ou quarenta anos, você não acha que ela precisa de óculos?

E: Está certo, mas você deveria escolher três coisas que são de alguma maneira parecidas, e óculos são diferentes.

S2: Quando você olha bem, nenhuma das coisas é parecida. Claro, a garrafa é igual ao copo, e a panela é igual aos nossos caldeirões. E os óculos são para os seus olhos.

(Agrupa de acordo com a interação prática entre os objetos, não a partir de atributos similares.)

E: Você poderia colocar a garrafa, os óculos e o copo juntos num grupo? Como eles se parecem?

S3: Você pode colocar a garrafa e o copo juntos, mas os óculos não — eles enferrujariam. Você teria de embrulhá-los num papel.

(Interpreta "colocar juntos" numa ordem lógica como querendo dizer "colocar um perto do outro".)

E: Mesmo assim, você não poderia dizer que eles são todos feitos do mesmo material?

S1, S2, S3: Sim, eles são todos feitos de vidro.

E: Então isso significa que podem todos ficar num grupo?

S2: Sim.

S3: Não, os óculos poderiam enferrujar, eles têm de ser separados.

S2: Mas a garrafa e o copo são muito parecidos; quando a garrafa fica suja, você pode lavá-la com o copo.

(Agrupa os objetos numa situação prática, não os classificando.)

Pode-se observar que não nos foi possível levar esses sujeitos a mudar para um plano lógico de pensamento. O fato de que os objetos tinham atributos "semelhantes" lhes parecia irrelevante; consequentemente, seguidas vezes apresentavam uma situação concreta na qual os objetos pudessem funcionar juntos.

Obtivemos resultados semelhantes com outra variante dos testes. Nessa versão "de escolha" nós mostramos aos sujeitos desenhos de dois ou três objetos e depois um grupo suplementar de dois ou três outros objetos, dos quais deveriam selecionar um que se relacionasse ao primeiro grupo, que fosse "semelhante" a ele. Geralmente os sujeitos desconsideraram os objetos que pertenciam à mesma categoria abstrata daqueles do primeiro grupo e selecionaram os que poderiam funcionar juntos de algum modo prático. Os seguintes resultados são exemplos típicos do que foi obtido nesta versão do experimento.

Sujeito: Shir, 57 anos, camponês analfabeto de um vilarejo de Yardan. Foram-lhe apresentadas ilustrações de machado e foice e lhe foi solicitado que selecionasse um tipo semelhante de objeto de um segundo grupo constituído de *serra — tora — espiga*.

E: Qual desses é o mais parecido com o tipo de coisa do outro grupo?

S: Se você quiser que sejam iguais, você terá de escolher a espiga de trigo. Uma foice ceifa; então essa espiga será apanhada por essa foice.

(Seleciona objetos em termos de funções práticas.)

E: As três coisas serão realmente do mesmo tipo, então?

S: Não, o machado não é tão parecido com o trigo como a foice. O machado deveria ficar com a tora ele pode cortá-la.

E: Mas você tem de escolher uma coisa de modo que tenha três coisas parecidas, do mesmo tipo.

S: Então tem de ser a espiga de trigo. Assim o machado e a tora ficarão lá — esses dois são parecidos.

(Substitui a ideia abstrata de "semelhança" pela noção prática de "adequabilidade".)

E: Essas coisas são realmente parecidas?

S: Não, você tem de arrumá-las assim. Puxe a espiga para mais perto da foice, de modo que possa cortá-la, e coloque o machado sobre a tora para que possam ficar juntos.

E: Daí eles realmente ficarão parecidos uns com os outros?

S: Sim, muito parecidos.

E: E se o machado não estivesse perto da tora?

S: Daí não seriam parecidos. Mas, se você os põe um peito do outro, o machado pode cortar a tora. Então ficarão muito parecidos e muito à mão. Veja, nós contratamos um trabalhador diarista para cortar lenha. Se o machado estiver colocado muito longe da tora, ele vai gastar muito tempo procurando.

(Usa situação prática em vez de classificação para determinar as relações entre os objetos.)

E: Não, vou lhe explicar. Um machado é como uma foice sob algum aspecto? Eles são o mesmo tipo de coisa?

S: Sim, os dois são ferramentas.

E: E se eu colocasse cevada aqui?

S: Não, isso não estaria certo. Cevada é comida, não é um *asbob*.

(Usa espontaneamente um termo categorial.)

E: O grupo seria semelhante se eu pusesse a cevada aqui?

S: Seria, porque você pode cortar com o machado, ceifar com a foice e comer a cevada.

E: E se eu pusesse a serra aqui?

S: Sim, isso combinaria. Uma sena também é uma ferramenta.

(Lança mão de um reforço do princípio de classificação categorial.)

Depois de utilizar vários exemplos simples para explicar o princípio de classificação mais uma vez, lembramos ao sujeito que ele deveria aplicar essa regra no agrupamento da série seguinte de objetos. A seguir testamos sua capacidade de fazê-lo dando-lhe os objetos árvore — *espiga* e um grupo de alternativas consistindo em *pássaro* — *roseira* — *casa*.

S: Naturalmente você tem de pegar a roseira.

E: Por quê?

S: Esta é uma árvore, esta é uma flor (espiga), este é um pássaro, esta é uma roseira. Você também poderia deixar a roseira onde está, assim crescerá perto da casa.

(Agrupa os objetos numa situação imaginária.)

E: Mas, se você tivesse de formar um grupo do mesmo tipo, que você escolheria? (como exemplo o lembramos do princípio usado para agrupar as "ferramentas").

S: Então eu teria de escolher a roseira. Eles serão todas as árvores assim. Mas o pássaro vai ficar lá embaixo. Ele vai ficar dando uma olhada nas árvores — ele adora coisas que crescem.

(Adota classificação abstrata, mas reverte imediatamente ao pensamento situacional.)

Apresenta-se uma nova série ao sujeito: *cavalo — carneiro* com o grupo suplementar (*camelo — balde — casa*). As instruções são repetidas e lembra-se ao sujeito o princípio utilizado para agrupar as "ferramentas".

E: Qual você deveria escolher para obter um tipo de grupo?

S: O camelo tem de vir para cá assim todos serão animais. Será muito bom tê-los todos juntos.

(Começa a classificar de acordo com um princípio abstrato, mas imediatamente retoma ao pensamento visual.)

E: Isso significa que o balde e a casa não combinam com os outros?

S: Está certo deixá-los onde estão. O balde deveria ficar perto da casa — um balde é uma coisa muito útil. Veja, o cavalo, o carneiro e o camelo têm de ficar aqui, pois são todos seres vivos. Mas essas coisas aqui embaixo também combinam. Uma família pode usá-las todas.

(Indica que em sua mente os dois princípios de agrupamento coexistem.)

Os exemplos ilustram que, mesmo quando um sujeito parece ter aprendido o princípio da classificação abstrata, sua apreensão ainda está longe de ser sólida. Conforme vai pensando sobre um problema, reverte ao hábito de construir situações imaginárias em que os objetos funcionassem juntos. Aqui, como nos testes anteriores, seu pensamento era primordialmente prático. Um grande número de testes corroborou esse fato. Citaremos apenas algumas das respostas obtidas num segundo experimento de grupo.

Participantes: Yarb Madmar, 32 anos (1), e Madaz Suleim, 26 anos (2), camponeses analfabetos de Palman. Depois de uma explicação detalhada sobre a tarefa, lhes foram dados os objetos *machado* — *foice* — *machadinha* e lhes foi solicitado que completassem a série selecionando um dos seguintes objetos: *serra* — *espiga* — *tora*.

S1: Você tem de colocar a espiga de trigo aqui.

S2: Daí você terá de tirar o machado e colocá-lo perto da tora.

(Agrupam mais uma vez os objetos de acordo com suas inter-relações práticas.)

E: Não, você não pode tirar nada do primeiro grupo. Você tem de acrescentar um objeto do outro grupo, de modo que fique com quatro coisas que você possa chamar por uma palavra.

S1: Então você tem de colocar a espiga lá.

E: E se eu puser a serra aqui?

S1: Então você poderia chamá-los de ferramentas. A espiga também combina, mas de forma diferente.

(Percebe dois esquemas possíveis de agrupamento.)

Para determinar se os sujeitos haviam apreendido o princípio, lhes demos outra série: árvore — *espiga* (*roseira* — *pássaro* — *casa*).

S2: A andorinha tem de ficar aqui, mas você não deve colocá-la perto da árvore, mas sim num galho; assim ela canta.

E: Não, você tem de acrescentar uma coisa de maneira que tenha um grupo que você possa designar por uma palavra.

S1: Então tem de ser a flor. Eles todos serão como árvores, então.

S2: Mas o pássaro também voa para a árvore; ele não fica só sentado num único lugar o tempo todo.

(Domina o princípio de classificação, mas volta ao pensamento situacional outra vez.)

Não é necessário citarmos outras respostas, pois sua clara uniformidade apenas confirma nossas conclusões sobre o modo de pensar desses sujeitos. Objetos pertencentes a categorias distintas foram agrupados ou de acordo com o princípio prático da necessidade ou interligados em uma situação gráfica. Nossas repetidas referências a termos genéricos (ferramentas, vasilhas, animais) auxiliaram em certa medida os indivíduos a classificar os objetos categorialmente. Ainda assim eles consideraram esses princípios abstratos de classificação inconsequentes e rapidamente reverteram à tendência de reconstruir situações nas quais os objetos pudessem funcionar como um grupo.

Esse pensamento gráfico, situacional, era o fator de controle entre os camponeses analfabetos de áreas isoladas que trabalhavam a terra sozinhos e nunca haviam estado numa cidade grande. Por outro lado, nosso segundo grupo de sujeitos — pessoas que ou haviam feito pequenos cursos ou haviam se envolvido no trabalho comunal das fazendas coletivas recentemente organizadas — atingiu certo estágio de transição. Eles eram capazes de empregar classificação categorial como uma alternativa ao agrupamento prático. Isso fica evidente nos exemplos que se seguem.

Sujeitos: Kurb, 50 anos, trabalhador de fazenda coletiva analfabeto (1); Khaidar, 26 anos, semianalfabeto, passou bastante tempo entre os russos (2). Série apresentada: *martelo — serra — tora — machadinha*.

S2: O martelo não cabe aqui. A machadinha corta a tora, a serra, serra a tora, mas o martelo não combina. Mas se você serra a tora, você terá de meter uma cunha nela, então você precisará do martelo.

(Inicia utilizando pensamento situacional.)

S1: Não, você não precisa do martelo aqui, você pode usar a machadinha.

E: Mas você pode dizer que uma serra, uma machadinha e uma tora são o mesmo tipo de coisas?

S2: Claro que elas são parecidas, elas trabalham juntas.

S1: Você pode derrubar uma árvore com um *ketmen* (ferramenta semelhante a picareta), mas primeiro você tem de descobrir as raízes. Assim sendo, essas duas coisas são parecidas.

(Interpreta "semelhante" como "efeito produzido pela interação de objetos".)

E: Em que sentido uma serra é como uma tora?

S1: Elas são necessárias juntas porque trabalham para derrubar uma árvore. Elas são parecidas no trabalho que fazem. Se você leva embora a machadinha, você não será capaz de fazer nada com a tora, e você não pode serrar a menos que você tenha uma serra.

(Apresenta a mesma tendência nesta resposta.)

E: Compreendo que você usa uma serra e uma machadinha num mesmo trabalho, mas toras e machadinhas são o mesmo tipo de coisas?

S1: Elas não são parecidas, mas são semelhantes no trabalho que fazem.

S2: Não, não são. A serra é uma ferramenta de metal, enquanto a tora é feita de madeira.

(Isola um atributo como base da classificação.)

E: Então que coisas você deve agrupar?

S2: A tora é diferente. Os outros são todas ferramentas de metal. Mas, já que você desenhou todos juntos, nós pensamos que a tora fizesse parte também.

(Resolve a tarefa; categoriza os objetos.)

E: Diga o nome de algumas outras ferramentas.

S2: Machado, plaina, serra, martelo, foice.

E: Bom, nós já separamos as coisas que são parecidas aqui. Pode-se dizer que uma machadinha é como uma tora?

S2: Não, não se pode.

S1: Isso não é verdade. Eu preciso da serra para serrar a tora e da machadinha para cortá-la.

S2: Não, você tem de usar a serra na tora, e, se você tirar a tora, não haverá nada para a serra fazer.

(Evidência, pelas respostas, um conflito entre dois níveis de classificação: teórico (conceitual) e prático (situacional).)

Após o princípio de classificação ter sido explicado novamente, uma série adicional é apresentada aos sujeitos: copo panela óculos garrafa.

S1: A panela e o copo são semelhantes, você pode despejar da panela para o copo. E os óculos são como a garrafa, porque é mais provável que aja tinta nela.

(Agrupa objetos em situação gráfico-funcional.)

E: Quais os três que de algum modo são semelhantes?

S1: Tem de ser a panela, o copo e a garrafa, porque você pode despejar de um para o outro. Mas, enquanto uma pessoa está fazendo isso, ela tem de colocar os óculos.

(Estabelece a similaridade entre as funções dos objetos.)

113

E: Qual das coisas não cabe aqui?

S1: A garrafa não cabe aqui?

E: Você deve achar três coisas que são semelhantes. Quais as três que você pode designar por uma palavra?

S1: A garrafa, os óculos e o copo são a mesma coisa. O copo, os óculos e a garrafa foram provavelmente todos feitos numa fábrica. Eles são todos de vidro!

(Resolve a tarefa.)

E: Uma pessoa me disse que a panela, a garrafa e o copo são parecidos de uma certa maneira. Por que ela disse isso?

S1: Não, isso não está certo. Esses são todos feitos de vidro. A única diferença é que você pode despejar de um para o outro e você não pode fazer isso com os óculos. Mas a questão é que eles são todos feitos de vidro.

Essas respostas indicam claramente o conflito que pode existir entre os dois tipos de classificação. O sujeito mais jovem aprendeu facilmente como destinar objetos a uma categoria abstrata. Por outro lado, o homem mais velho teve de lutar com a tendência de utilizar os dois métodos gráfico e abstrato embora ele possa ter chegado a aprender a aplicar o último deles. Os mesmos resultados foram obtidos com o segundo grupo de sujeitos, em outra variante do teste, a versão "de escolha" mencionada previamente.

Sujeito: Khalil, 49 anos, camponês analfabeto. Foi-lhe apresentada a série *machado — foice — machadinha* e a solicitação de que selecionasse um objeto semelhante de um grupo suplementar (*serra — espiga — tora*).

S. A serra combina aqui. Se você tem um machado, você certamente precisa de uma serra. Uma serra também vai bem com uma machadinha, mas para a foice você precisa de uma espiga.

(Agrupa os objetos em termos de pensamento prático, situacional.)

E: Você tem de escolher só uma coisa que combine com as três primeiras.

S: Minha primeira escolha é a serra, depois a espiga.

E: Qual seria a mais correta?

S: Se eu tivesse de escolher só uma, seria a serra. Mas então eu teria a foice e pôr a tora. Você precisa de uma foice para a espiga e de uma serra para serrar uma tora. Daí você tem de cortá-la com um machado.

(Persiste no uso de pensamento situacional.)

E: Mas o primeiro grupo inteiro tem de ser semelhante, com o mesmo tipo de coisas.

S: Então eu fico com a espiga de trigo, porque nós precisamos muito de trigo.

(Emprega o atributo da "necessidade".)

E: Mas você poderia escolher o machado, a foice e a serra?

S: Não, a espiga de trigo tem de ficar perto da foice e a serra peito do machado.

(Utiliza situação prática novamente.)

E: Mas todas essas são ferramentas agrícolas.

S: Claro, mas cada uma ligada ao seu próprio serviço.

(Reconhece a possibilidade de classificação categorial, mas a considera sem importância.)

A série árvore — *espiga* é então apresentada ao sujeito, para que seja combinada com um dos seguintes elementos: *pássaro — roseira — casa*.

S. Deveria haver uma casa perto da árvore e da flor (espiga).

(Usa esquema prático de agrupamento.)

E: Mas uma casa é realmente semelhante a uma árvore?

S: Se você colocar a roseira aqui, ela não terá nenhuma utilidade para uma pessoa, mas se você puser a casa aqui, uma pessoa poderia morar nela e ter coisas lindas em torno dela. A roseira não pode ficar na sombra, porque queremos que ela floresça.

(Emprega novamente a ideia de utilidade e agrupa em termos práticos.)

E: Mas árvores e casas são de algum modo, semelhantes?

S: Elas não são parecidas, mas ficam muito bem juntas.

Se você quiser pegar a que é parecida, você tem de pegar a roseira.

(Muda para classificação categorial depois que a atenção é voltada para a questão da "semelhança".)

Nesse exemplo, a tendência do sujeito para agrupar os objetos em situações gráficas predominou. Só depois que o lembramos de que tinha de selecionar objetos na base da "semelhança" é que ele foi capaz de classificá-los categorialmente. O que se segue fornece uma indicação ainda mais clara de que alguns sujeitos operavam em dois planos de pensamento, oscilando entre um e outro método de classificação.

Sujeito: Rust, 56 anos, *mirab* (trabalhador encarregado de distribuir a água do sistema de irrigação), semianalfabeto. É apresentada a série *machado — machadinha — foice*, que ele deve completar escolhendo um elemento do grupo *serra — espiga — tora*.

S: A serra combina com os outros são todas ferramentas de agricultura.

E: E a espiga, combina também?

S: Essas são ferramentas de agricultura, enquanto que a espiga não é, embora você possa ceifá-la com a foice.

(Utiliza ambos os métodos, embora predomine a classificação categorial.)

A série árvore — *flor* — *espiga* e o grupo suplementar *roseira* — *pássaro* são apresentados ao sujeito.

S: Se você olha para a árvore, a coisa seguinte tem de ser a roseira.

E: Algum dos outros cabe nesse grupo?

S: Sim, a andorinha. Há uma árvore aqui e uma flor — é um lugar bonito. A andorinha vai sentar aqui e cantar.

(Apresenta a mesma tendência que na resposta anterior.)

E: Se eu pedisse a você para arrumar essas coisas em algum tipo de ordem, qual delas você colocaria aqui?

S: A roseira. Mas, quando a gente arruma todos eles em ordem, também pode colocar a andorinha junto.

(Apresenta a mesma tendência, novamente.)

E: Mas se você tivesse de colocar juntas as coisas que são parecidas, do mesmo tipo, a andorinha caberia?

S: Não, só as flores caberiam.

(Estabelece série categorial precisa.)

A série *cavalo* — *carneiro* e as alternativas *camelo* — *balde* — *casa* são apresentadas ao sujeito.

S: O camelo vem aqui. Os que estão aqui são animais.

(Designa a categoria imediatamente.)

E: Então os outros não cabem aqui?

S: Alguns cabem. Você precisa do balde para molhar os animais.

(Escorrega para o pensamento concreto.)

E: Mas, se você tivesse de arrumá-los em algum tipo de ordem, quais você colocaria juntos?

S: Se você os organiza de acordo com trabalho, só o camelo cabe. O carneiro não cabe porque ele é criação — é usado para alimentação.

(Estreita o limite do agrupamento concreto.)

E: A casa cabe no primeiro grupo?

S: Cabe. Se você reunir todos os animais, você pode achar espaço para eles na casa.

E: Mas se você colocá-los em ordem, qual deles combina com o primeiro grupo?

S: O camelo. Você tem de pôr em fila todos os animais e então pode conduzi-los para dentro da casa.

(Usa pensamento categorial e situacional.)

Esse exemplo ilustra claramente que alguns sujeitos haviam atingido um estágio de transição no qual usavam os dois modos de agrupamento; categorial, que eles definiam como a arrumação dos objetos "em ordem", e situacional, uma forma suplementar, à qual voltavam quando tentavam raciocinar sozinhos.

Nosso terceiro grupo de sujeitos — jovens que tinham um ou dois anos de escolaridade, serviram o exército ou se tomaram ativistas de fazendas coletivas (apesar de seu mínimo nível instrucional) — apresentou um quadro completamente diferente. Esses sujeitos não tiveram problema para classificar objetos de acordo com atributos abstratos. Embora alguns deles tenham tentado usar pensamento situacional, estavam suficientemente orientados para o pensamento abstrato e superaram tal tendência. Uma vez sugerido o modo de pensamento abstrato, ele era transferido para sua atuação com novos grupos de objetos. Esses sujeitos eram muito menos rígidos e prontamente reconsideravam vários atributos que poderiam ser utilizados como base de classificação. Os exemplos que se seguem são indicativos de seu comportamento.

Sujeito: Yadgar, 18 anos, estudou por dois anos numa escola de vilarejo em Shakhimardan; empregado como cronometrista de mão de obra numa fazenda coletiva. Apresentada a série copo panela óculos garrafa.

S: O copo, os óculos e a garrafa, todos cabem juntos. Eles são feitos de vidro, mas a panela é de metal.

(Classifica imediatamente em termos categoriais.)

E: Mas uma pessoa me disse que os óculos não cabiam aqui.

S: Não, eles são de vidro, enquanto que a panela e de metal. Eu não sei por que ela disse isso.

E: Pense um pouco.

S: Eu discutiria com essa pessoa; eu não concordo. Essas são coisas de vidro e a panela é de metal. Como ela pode dizer que elas são semelhantes?

(Continua a categorizar em termos do mesmo atributo.)

E: Que semelhança existe entre um copo, uma panela, uma garrafa e óculos?

119

S: A seu modo todos são necessários; cada um faz uma coisa, mas são as três coisas de vidro aqui que são semelhantes.

E: Você poderia usar uma palavra para essas coisas?

S: Sim, você pode chamá-las de recipientes.

E: Isso significa que as três vão bem juntas?

(Fica quieto durante um certo tempo.)

S: Não, elas não são parecidas. Essas outras três vão juntas. Não é que elas tenham apenas aparecido desse jeito, elas foram feitas numa fábrica de vidro.

(Isola com cena rapidez o conceito geral aplicável a uma outra categoria, mas se prende ao atributo já selecionado.)

Sujeito: Sult, 20 anos, semianalfabeto; morou em Tashkent por pouco tempo. Apresentada a série *martelo — serra — tora — machadinha*.

S: A madeira não cabe aqui. Madeira só fica no chão, enquanto que os outros três são usados para diversos tipos de trabalho.

(Classifica categorialmente, embora não utilize termo categorial.)

E: Mas algumas pessoas dizem que o martelo não combina aqui.

S: Eu não sei se isso está certo ou não. Essa é uma ora e essa é uma machadinha. Se a machadinha não cortar até o Em, você pode usar o martelo para bater nela.

(Volta ao pensamento situacional.)

E: Qual é uma palavra que você poderia usar para essas três coisas?

S: Você poderia chamá-las ferramentas.

E: Mencione algumas outras ferramentas.

S: Plaina, pá, tesoura faca.

E: Você pode chamar uma tora de ferramenta?

S: Não, ela e madeira.

Dada a série *punhal — pássaro — espingarda — bala.*

S: O pássaro não combina aqui, ele é feito de penas.

(Usa classificação categoria!)

Dada a série: *garrafa — copo — panela — óculos.*

S: Os óculos não cabem aqui. Não, é a panela que não cabe. É uma coisa de metal, enquanto as outras são finas.

(Tenta isolar outro atributo.)

Dada a série: árvore — flor — espiga — pássaro.

S: O pássaro não combina. As outras são flores.

(Usa classificação categoria!)

Resultados semelhantes foram obtidos na versão "de escolha" desse experimento.

Sujeito: Yadgar, 18 anos, frequentou escola por dois anos no vilarejo de Shakhimardan. Dada a série: *machado — foice — machadinha — tora — serra.*

S: A serra combina aqui.

E: Por quê?

S: São todos de metal.

Dada a série: *arbusto — árvore... (roseira — pássaro — casa).*

S: A roseira deve vir aqui.

E: Por quê?

S: Porque todas essas são árvores que crescem.

Sujeito: Nurzev, 16 anos, frequentou uma escola de vilarejo por dois anos.

Dada a série: *machado — foice — machadinha... (tora — serra).*

S: Eu escolheria a serra. Todas essas coisas funcionam, mas a outra não. Ela não é de metal como o resto das coisas.

Dada a série: árvore — espiga... (rosa — pássaro — casa).

S: Eu escolheria a rosa.

Neste momento um outro sujeito intervém: Uma árvore também é uma coisa muito importante para uma pessoa. Você pode carregar uma rosa na mão, mas uma árvore dá frutas.

S: Não, uma rosa é uma flor e uma espiga também é, e quando uma árvore cresce, ela também floresce.

Dada a série: *cavalo — carneiro... (pessoa — camelo — araba).*

S: O camelo vem aqui esses são todos seres vivos.

Sujeito: Rakhm, 26 anos, frequentou escola por dois anos.

Dada a série: *machado — foice... (tora — serra).*

S: Eu escolheria a serra. Ela combina com os outros porque são todos de metal.

Dada a série: *camelo* — *carneiro...* *(cavalo* — *carroça* — *pessoa)*.

S: Eu escolheria o cavalo, daí os três seriam a mesma coisa os três seriam animais.

Dada a série: *árvore* — *arbusto...* *(pássaro* — *rosa* — *casa)*.

S: A flor vem aqui. Todas essas coisas crescem.

Acreditamos que esse levantamento das respostas aos testes de classificação revela um padrão interessante. Os sujeitos de vilarejos isolados que vivem quase que exclusivamente da terra, com grande experiência nesse trabalho, mas sem instrução e analfabetos, usam um método de classificação que difere radicalmente dos que utilizamos normalmente. O procedimento de isolar um atributo para construir uma categoria abstrata à quais objetos apropriados podem ser subordinados é completamente estranho ao seu modo de pensamento. Eles ou rejeitam inteiramente essa classificação categorial ou a consideram uma alternativa possível, mas irrelevante.

Esses sujeitos realizaram operações que nosso experimento não havia previsto. Alguns deles classificaram os objetos por meio de uma avaliação imediata de seu valor prático ou "necessidade". Ao fazer isso, indicavam a função que cada objeto desempenhava, mas não tentavam estabelecer nenhuma conexão mais íntima entre eles. Outros tentaram lembrar uma situação em que os objetos teriam alguma inter-relação prática. Geralmente tais sujeitos reconstruíam situações concretas a partir de sua experiência cotidiana. Não hesitavam em agrupar uma serra, um machado e uma tora. Conforme diziam: "Você tem de serrar a tora, depois cortá-la com o machado; todas essas coisas trabalham juntas". Ou eles nos lembrariam que "se você não tiver uma tora no grupo, não há utilidade para a serra e o machado".

Eles agrupavam uma casa, um pássaro e uma roseira porque a "roseira deve ficar perto de uma casa, enquanto que o pássaro pode sentar na planta e cantar". Alguns sujeitos até insistiram que os desenhos dos objetos deveriam ser colocados juntos, observando que "lhes tomaria muito tempo recolher todas essas coisas". Qualquer tentativa de sugerir a possibilidade de agrupamento categorial provocava protestos: "isso está errado. Alguma pessoa burra lhe disse isso, ela não entendeu nada". Mesmo "quando nós mencionávamos que objetos "semelhantes" pertenciam a uma categoria, esses sujeitos não se convenciam; interpretavam a instrução de "agrupar coisas semelhantes" como a de selecionar objetos "necessários" ou "adequados". Referências a termos gerais (*asbob* — ferramentas; *idish* — vasilhas) não os fizeram superar a tendência de agrupar os objetos de formas concretamente eficientes, ou desconsideravam os termos genéricos ou os consideravam irrelevantes, absolutamente não essenciais à questão da classificação. Evidentemente processos psicológicos diferentes determinavam sua maneira de agrupar, dependente de pensamento concreto, situacional e não de operações abstratas que acarretam obrigatoriamente a função generalizadora da linguagem.

Houve uma nítida diferença entre esses sujeitos e um segundo grupo intermediário composto de pessoas que haviam feito alguns cursos ou trabalhado em fazendas coletivas (entre ativistas de fazendas coletivas). Embora tais sujeitos estivessem inclinados a usar pensamento situacional, por um lado era relativamente fácil para eles mudar para operações verbais e lógicas e classificar os objetos em termos de uma categoria específica. Por outro lado, sua apreensão do pensamento categorial estava longe de ser sólida. No caso de resolverem sozinhos um problema, logo escorregavam para o pensamento visual, que, na sua percepção, representava uma alternativa para a classificação abstrata e frequentemente a superava.

Um terceiro grupo de sujeitos, formado principalmente de jovens que haviam tido instrução escolar durante um ou dois anos, diferia significativamente dos dois primeiros grupos. Empregavam principalmente operações teóricas que exigiam pensamento verbal e lógico; a tarefa de isolar um atributo particular como base para categorização parecia-lhes um procedimento natural, óbvio. A Tabela 7 mostra bem a diferença entre os grupos.

TABELA 7. AGRUPAMENTOS E CLASSIFICAÇÃO

Grupo	Número de sujeitos	Mét. gráfico de agrupamento	Mét. gráfico e categorial	Classificação categorial
Camponeses analfabetos de vilarejos isolados	26	21 (80%)	4 (16%)	1 (4%)
Ativistas de fazendas coletivas (semianalfabetos)	10	0	3 (30%)	7 (70%)
Jovens com um ou dois anos de escolaridade	12	0	0	12 (100%)

Nitidamente, os últimos dois grupos não tiveram problemas em mudar do modo de generalização gráfico-funcional para a classificação abstrata, categorial. Uma quantidade mínima de instrução e de trabalho em fazenda coletiva — que requer contato organizado com pessoas, discussões em grupo sobre problemas econômicos e participação na vida comunitária — foi suficiente para provocar mudanças fundamentais em seus hábitos de pensamento. Foram capazes de captar o princípio das operações teóricas que anteriormente haviam sido incompreensíveis, por não desempenharem um papel efetivo na vida dessas pessoas.

Gostaríamos de enfatizar os principais fatos derivados dos testes até agora descritos.

1) A maior parte dos sujeitos classificou os objetos não de acordo com princípios verbais e lógicos, mas de acordo com esquemas práticos. Entretanto, esse pensamento concreto não é inato, nem geneticamente determinado. Resulta do analfabetismo e dos tipos rudimentares de atividade predominantes na experiência cotidiana desses sujeitos. Quando muda o padrão de vida e se ampliam as dimensões da própria experiência, quando eles aprendem a ler e a escrever, a ser parte de uma cultura mais avançada, esta maior complexidade de sua atividade estimula novas ideias. Tais modificações, por sua vez, ocasionam uma reorganização radical de seus hábitos de pensamento, de modo que eles aprendem a usar e compreender o valor de procedimentos teóricos que anteriormente pareciam irrelevantes.

2) Conforme observamos, pediu-se aos sujeitos que agrupassem objetos que fossem "semelhantes", que tivessem características comuns. O que nos faltava esclarecer era se eles interpretavam a palavra "semelhante" como nós, ou se ela tinha significados diferentes para diferentes grupos de sujeitos. Havíamos observado muitas vezes que alguns sujeitos desconsideravam a palavra ou a interpretavam como "aplicável a uma situação geral" (ainda que a língua *uzbek* tenha um termo específico para esse conceito). Para tais sujeitos, termos genéricos como "ferramentas" ou "vasilhas" também não pareciam ter o mesmo sig-

nificado "categorial" que adquirem num sistema de pensamento abstrato.

Consequentemente, tivemos de construir testes especiais para avaliar o seguinte: em que medida nossos sujeitos usavam pensamento concreto para realizar exatamente as operações lógicas elementares que são por natureza abstratas e categoriais? Que significavam realmente os termos genéricos que eles usavam para agrupar os objetos? O uso que faziam desses termos correspondia ao nosso ou era significativamente diferente?

TESTES DE DETECÇÃO DE SEMELHANÇA

A capacidade de detectar semelhança é uma parte integrante primordial do processo de classificação de objetos. O tipo mais simples de abstração consiste em comparar dois objetos e determinar uma semelhança entre eles. Como tal, ela pressupõe uma capacidade de isolar (abstrair) uma característica comum aos dois objetos como base de comparação. Dada a simplicidade da operação, os experimentos sobre comparação e generalização tornaram-se parte padrão de pesquisas sobre formação de conceitos.

Os estudos clássicos de Binet e de outros psicólogos provaram, há muito tempo, que uma pessoa pode detectar diferenças entre objetos muito antes de ser capaz de estabelecer uma base de semelhança entre eles. A razão para isso é perfeitamente óbvia. Para discernir como dois objetos contrastantes diferem, é necessário apenas descrever seus atributos físicos; assim, todo o procedimento depende de impressões imediatas ou da memória visual. Por outro lado, é muito mais difícil estabelecer uma semelhança entre objetos (particularmente quando ela não é perceptível a partir de impressões imediatas). Na medida em que isso implica uma capacidade de isolar e comparar atributos, tal procedimento inevitavelmente inclui certos componentes verbais e lógicos.

Uma vez que desejávamos determinar se a maneira pela qual nossos sujeitos enfocavam a comparação e a generalização (isto é, a detecção de semelhança) envolvia distinções lógicas e linguísticas, os fizemos comparar: a) objetos que eram claramente diferentes; e b) objetos difíceis de incorporar em esquemas práticos. Nos dois casos, as impressões imediatas dos sujeitos os induziam a descrever as características diferentes. Para detectar a semelhança oculta entre os objetos (geralmente sua relação categorial), os sujeitos tinham de desprezar as características físicas marcantemente diferentes entre eles e não tentar visualizar situações diferentes em que cada um pudesse funcionar. Exemplos típicos dos objetos que lhes pedimos para comparar são um pepino e uma rosa; um corvo e um peixe; um cavalo e um homem: um proprietário de terra e um lavrador.

Quando os sujeitos limitaram suas respostas a uma descrição das diferenças físicas que observaram, tentamos facilitar a tarefa propondo algum termo de generalização. Como não queríamos revelar a base real da semelhança, entretanto, nós a mantivemos oculta de forma um tanto indireta, dizendo que em chinês uma palavra (inventada, naturalmente) designava ambos os objetos. Perguntávamos aos sujeitos por que eles achavam que os chineses usariam esse termo e o que ele poderia significar. Os experimentos foram conduzidos com um número considerável de sujeitos cuja história de vida e instrução formal correspondiam às dos participantes dos grupos dos experimentos de classificação.

Houve enorme diferença entre os resultados dessa série de experimentos e aqueles normalmente obtidos com adultos que tiveram alguma instrução ou adquiriram uma certa cultura.

Estes últimos não têm problema para comparar dois objetos e, na base de sua semelhança, colocá-los numa categoria geral (um pepino e uma rosa representam vida vegetal; um corvo e um peixe, vida animal). Com os nossos sujeitos, isto é, nosso primeiro grupo (camponeses analfabetos) o procedimento tomou um rumo bastante diverso. Ás vezes eles apenas descreviam cada objeto, insistindo em que os dois não tinham nada em comum. Faziam uma descrição detalhada dos fins aos quais eles serviam, das situações em que normalmente eram encontrados, ou tentavam estabelecer alguma conexão entre eles, imaginando uma situação concreta na qual os dois interagissem. Em alguns casos tentaram lembrar uma situação na qual os dois objetos realizassem operações idênticas, supondo que assim pudessem estabelecer uma base funcional de semelhança. Uma outra abordagem totalmente irrelevante para a tarefa de categorização era determinar alguma semelhança física entre os dois objetos.

Na maior parte dos casos, os sujeitos se recusaram a pensar por que os objetos que havíamos solicitado que comparassem ("coisas tão diferentes") podiam ser designados por um só termo em chinês (a referência ao uso "chinês" não foi absolutamente convincente). Só depois de explicarmos em detalhe como os dois objetos pertenciam a uma mesma categoria é que eles aceitaram a ideia pelo menos aparentemente. Ao tentar resolver um problema, eles continuaram a enfatizar as diferenças entre os dois objetos, mostrando que era impossível agrupá-los numa única situação. Com relação a isso, os dados apresentaram um padrão muito semelhante ao dos resultados dos experimentos anteriores.

Sujeito: Maksud, 38 anos, analfabeto, trabalha na região de Lalazar.

E: O que uma galinha e um cachorro têm em comum?

S: Eles não são parecidos. A galinha tem duas pernas, o cachorro tem quatro. A galinha tem asas, mas o cachorro não. O cachorro tem orelhas grandes e as da galinha são pequenas.

(Descreve as diferenças em vez das semelhanças.)

E: Você me disse o que é diferente entre eles. Em que eles são parecidos?

S: Eles não são parecidos de modo algum.

E: Existe uma palavra que você possa usar para os dois?

S: Não, claro que não.

E: Que palavra serve tanto para galinha como para cachorro?

S: Eu não sei.

E: A palavra "animal" serviria?

S: Sim.

(Aceita o termo de generalização.)

E: O que um peixe e um corvo têm em comum?

S: O peixe — ele vive na água. O corvo voa. Se o peixe ficar em cima da água, o corvo poderia bicá-lo. Um corvo pode comer um peixe, mas um peixe não pode comer um corvo.

(Não demonstra transferência para o próximo par de objetos; não faz esforço para determinar a semelhança e sim inclui os objetos numa situação geral.)

E: Você poderia usar uma palavra para os dois?

S: Se você os chamasse de animais não estaria certo. Peixe não é animal e corvo também não. Um corvo pode comer um peixe, mas um peixe não pode comer um pássaro. Uma pessoa pode comer um peixe, mas não um corvo.

(Mostra-se incapaz de encontrar um termo comum: volta à descrição de diferenças.)

Sujeito: Sakhumb, 34 anos, camponês do vilarejo de Yardan, analfabeto.

S: O que é parecido entre eles é que a água lava qualquer tipo de sujeira, então pode lavar sangue também.

(Indica interação e não similaridade dos objetos.)

E: O que um corvo e um peixe têm em comum?

S: Há muitas diferenças entre um corvo e um peixe. Um vive na água, o outro voa. A única coisa em que eles são parecidos é que o peixe usa a água e o corvo também, às vezes — quando ele fica com sede.

(Refere-se a funções comuns para tentar estabelecer conexão mais próxima entre os objetos.)

E: O que uma montanha e um álamo têm em comum?

S: Um álamo precisa de água para viver, mas Deus fez as montanhas. Assim é que elas foram parar ali.

(Mostra diferenças.)

E: Mas que semelhança existe entre elas?

S: Não há semelhança. Nós vivemos nessas montanhas há muito tempo e nunca vimos nenhuma semelhança entre essas coisas. (Olha para as montanhas e para um álamo e balança a cabeça negativamente).

E: Você poderia dizer que as montanhas e o álamo são altos?

S: As montanhas são muito grandes, mas um álamo é pequeno. Em alguns lugares eles se equiparam, mas montanhas são enormes e um álamo é pequeno. Eu estou olhando para eles agora e não vejo absolutamente nenhuma semelhança.

(Recusa-se a tentar encontrar similaridade.)

Sujeito: Khadzhy Mar, 45 anos, camponês do vilarejo de Yardan, analfabeto.

E: O que montanhas e álamo têm em comum?

S: Montanhas — essas são montanhas. Mas um álamo cresce porque bebe água. Se plantamos um álamo numa montanha, não vai crescer. Ele precisa de terra boa.

(Tenta ligar os objetos em uma situação.)

E: De que forma eles são parecidos?

S: Se você olha para eles de longe, as montanhas são enormes, enquanto que o álamo é pequeno.

E: Mas que semelhança existe aí?

S: Tem um pouquinho, vendo que o álamo também é alto.

E: O que uma rosa e um pepino têm em comum?

S: O que é parecido neles é que eles crescem. Quando o pepino cresce, ele floresce e a rosa também. Mas a rosa fica assim, enquanto que o pepino se torna uma fruta que você pode comer.

(Cita característica física comum — ambos os objetos "florescem").

E: O que um proprietário de terra e um lavrador têm em comum?

S: Há uma enorme diferença entre eles. O que um proprietário de terra conseguiu obter para si o lavrador nunca conseguiu.

E: Que semelhança existe entre eles?

S: O que é parecido é que um proprietário de tem alguma coisa e o lavrador não tem. Quando o proprietário de terra quer comer, ele come, mas, quando um lavrador quer comer, primeiro ele tem de falar com o proprietário da terra.

(Indica diferenças.)

E: Mas o que eles têm em comum?

S: Um proprietário de terra andou pelos mesmos caminhos que um lavrador, mas o que o proprietário foi capaz de fazer, o lavrador não foi. Um proprietário de terra fala e um lavrador também, mas o lavrador faz o que o proprietário manda.

(Usa situações gráficas para tentar determinar características semelhantes, mas apenas cita interação do par.)

Esses poucos exemplos são suficientes, já que caracterizam a abordagem utilizada pela maior parte do nosso grupo de sujeitos. Suas respostas indicam que, quando enfrentaram a tarefa de comparar objetos conflitantes, esses sujeitos operaram quase que exclusivamente em termos gráficos. Em um caso o sujeito nem tentou relacionar os dois objetos a uma categoria geral, abstrata. Em outro caso, tentou — em algum momento ao longo do processo pensar numa categoria abstrata, mas acabou visualizando uma situação na qual os dois objetos realizassem a mesma função. ("Um proprietário de terra anda e um lavrador anda; um pepino cresce e uma rosa cresce.") Alguns sujeitos buscaram características físicas comuns ("Quando um pepino floresce ele parece uma flor e uma rosa também é uma flor"). Outra abordagem consistiu em citar inter-relações concretas entre os dois objetos ("Um corvo pode bicar um peixe." "Um álamo pode crescer numa montanha.")

A tarefa de comparar dois objetos e estabelecer uma base de semelhança não apresentou problemas para o nosso segundo grupo de sujeitos, apesar de sua insignificante escolaridade. Eles prontamente colocaram os dois objetos numa mesma categoria, mesmo que cada um deles pudesse ser visualizado em situações completamente diferentes.

TESTES SOBRE A DEFINIÇÃO DE CONCEITOS

Definir um conceito pela classificação de um objeto, fenômeno ou atividade específica numa categoria mais ampla vem a ser uma das operações mais elementares do pensamento abstrato. Como se sabe, através de experimentos psicológicos padrão, a definição de um conceito é uma operação verbal e lógica bem clara, na qual se usa uma série de ideias logicamente subordinadas para chegar a uma conclusão geral, desprezando automaticamente qualquer consideração extralógica. Uma pessoa que define uma macieira como árvore e um bode como animal desconsidera os atributos peculiares à macieira e ao bode e isola alguma qualidade essencial de cada um deles que pertence a uma categoria genérica.

Também estamos bem conscientes de que a capacidade de formular conceitos é desenvolvida principalmente através da educação, através do domínio de certos princípios de pensamento. Vygotsky explorou dois tipos de conceitos — "científicos" e "cotidianos". Um aluno de escola elementar pode facilmente aprender a definir os primeiros, embora inicialmente não consiga estabelecer nenhuma conexão entre eles e os eventos de sua vida diária. Por outro lado, apesar de seu considerável acúmulo de experiência prática, ele acha muito mais difícil definir conceitos "cotidianos", pois eles não desempenham nenhum papel em sua vida acadêmica. À medida que ele adquire um corpo de informações sistemáticas, começa a perceber uma relação mais próxima entre os dois tipos de conceitos. Um adolescente ou um adulto, com alguma instrução, tens de cada vez mais a avaliar — e integrar — conceitos cotidianos e científicos, a categorizar os primeiros e então defini-los no âmbito de um esquema conceitual mais amplo.

Dado que nossos sujeitos pensavam mais em termos práticos do que teóricos, substituindo procedimentos verbais e lógicos por operações gráficas, ficamos curiosos em observar como eles definiriam conceitos. Que características psicológicas eles exibiriam? Que sequência de pensamento suas respostas indicariam? Teriam eles alguma premissa que os orientasse na definição de conceitos em termos teóricos?

Pesquisas sobre o aspecto psicológico da definição de conceitos seriam de grande valor em psicologia educacional, merecendo especial investigação. Uma vez que esta era simplesmente uma parte suplementar do nosso projeto, não a discutiremos extensamente, mas apenas consideraremos os dados mais evidentes produzidos pelo nosso experimento.

Por um lado queríamos observar como os sujeitos definiam objetos usados normalmente (conceitos cotidianos); por outro lado, ideias abstratas inculcadas pelo sistema social (conceitos "científicos"). "Árvore", "sol", "automóvel" e coisas semelhantes são exemplos dos primeiros: "uma cooperativa", "liberdade" são exemplos dos outros. Geralmente questionamos os sujeitos sobre esses conceitos ao longo de conversas. Além disso, como muitos dos sujeitos não haviam tido nenhuma experiência de "definição de conceitos", criamos uma situação hipotética que faria a tarefa parecer mais significativa. Solicitamos a eles que considerassem como explicariam um certo objeto ou palavra a alguém que nunca os tivesse visto, não tivesse a menor ideia de seu significado.

Ao conduzir o experimento, focalizamos principalmente os métodos que nossos sujeitos utilizavam para tentar definir conceitos. Dos vinte e dois sujeitos que participaram, onze eram completamente analfabetos; os outros haviam tido muito pouca instrução (um ano ou dois) e alguma experiência em trabalho coletivo. As respostas foram tão uniformes que não houve necessidade de considerar uma amostra maior.

Na maior parte dos casos, nosso primeiro grupo de sujeitos (camponeses analfabetos de vilarejos periféricos) se recusaram a definir um dado conceito, insistindo que não tinha sentido "definir" ou "falar sobre" coisas que eram absolutamente óbvias. "O sol é o sol, todo o mundo sabe isso." "Existem carros em todo lugar, então as pessoas sabem o que eles são." Eles argumentavam que se uma pessoa não tivesse a menor ideia do que eram essas coisas, a única alternativa era fazê-la ver por si mesma. Quando tentávamos provocar algum tipo de definição, eles normalmente respondiam com tautologias: "Um carro é um carro". Em alguns casos eles nos diziam como funcionava, mostravam seus usos, descreviam sua aparência seus atributos físicos. Apenas quando eles se tornavam um pouco mais habilidosos na tarefa é que percebiam que poderiam ajudar a esclarecer a natureza de um objeto através da comparação dele com outro objeto. Ao fazer isso, entretanto, eles realizavam exatamente as mesmas operações que usavam nos experimentos de comparação e contraste. Ainda assim, suas tentativas de definir conceitos cotidianos e científicos eram limitadas a descrições de atributos básicos ou funções práticas.

Sujeito: Illi-Khodzh, 22 anos, camponês de vilarejo isolado, analfabeto.

E: Tente explicar-me o que é uma árvore.

S: Por quê? Todo mundo sabe o que é uma árvore, eles não precisam que eu lhes explique.

(Rejeita a necessidade de explicação.)

E: Mesmo assim, tente explicar.

S: Há árvores aqui em toda parte; você não vai encontrar nenhum lugar que não tenha árvores. Então para que devo explicar?

E: Mas algumas pessoas nunca viram árvores, então talvez você precisasse explicar.

S: OK. Você diz que não há árvores no lugar de onde vêm essas pessoas. Então eu vou dizer-lhes como plantamos beterraba usando sementes, como a raiz vai para dentro da terra e as folhas aparecem em cima. É assim que plantamos uma árvore, as raízes vão para baixo...

(Tenta explicar indicando diferentes características do objeto.)

E: Como você definiria uma árvore em duas palavras?

S: Em duas palavras? Macieira, olmo, álamo.

(Enumera em vez de definir.)

E: Que é um carro? Você pode me explicar?

S: Ele é movido a fogo, e uma pessoa o dirige. Se não tiver gasolina e ninguém para dirigir, ele não anda.

(Tenta definir o objeto citando suas características.)

E: Como você explicaria um carro para alguém que nunca tivesse visto um?

S: Todo mundo sabe o que é um carro: há carros no mundo todo. Há tantos carros que é impossível haver alguém que nunca os tenha visto.

(Rejeita o caso hipotético.)

E: Digamos que você vá para um lugar onde não haja carros. Que você diria para as pessoas?

E: Se eu fosse, eu lhes diria que os ônibus têm quatro pernas, cadeiras na frente para as pessoas sentarem, um teto

137

para fazer sombra e um motor. Mas indo ao que realmente interessa eu diria: Se você entrar num carro e der uma volta, você vai descobrir.

(Tenta primeiramente definir o objeto através de descrição gráfica, depois insiste na necessidade de experiência pessoal.)

Sujeito: Akhmet, 44 anos, kirghiz de vilarejo isolado, analfabeto.

E: Diga-me, que é um carro?

S: Quando ele guincha, vai gritando pela estrada, se mexe para lá e para cá e tem fogo queimando dentro...

(Descreve aspectos físicos.)

E: Uma pessoa o compreenderia se nunca tivesse visto um carro?

S: Se ela der uma volta num carro, ela verá por si mesma. Se você nunca tivesse visto essas montanhas e eu começasse a lhe dizer que elas são montanhas grandes com neve em cima bem, você nunca compreenderia. Se uma pessoa não viu uma coisa, ela não consegue entender. Assim é.

(Recusa-se a tentar definir.)

E: Que é o sol?

S: Se uma pessoa é cega e eu lhe disser que o sol nasce, sobe acima de nossa cabeça, nos mantém quentes ela não vai entender. Que mais eu poderia lhe dizer? Eu nunca vi o sol de perto, então como eu posso dizer o que ele é?

(Enumera atributos. Recusa-se a definir um objeto que não "viu de perto".)

Nos casos acima os sujeitos fizeram uma de duas coisas. Eles ou se recusaram a definir um objeto que nunca haviam "visto", "olhado de perto", ou substituíram definições por descrições detalhadas de atributos físicos.

Os sujeitos do segundo grupo tentaram chegar a uma definição por meio de comparação (esses eram indivíduos com um mínimo de instrução ou que haviam tido algum contato sistemático com pessoas através de seu trabalho). O que se segue exemplifica suas respostas.

Sujeito: Nurmal, moça de 18 anos de um vilarejo periférico; tinha feito cursos de alfabetização, mas mal sabia ler e escrever.

E: Que é um carro?

S: Um carro? É chamado de carro, e uma *kukushka* (locomotiva) é uma *kukushka*.

E: Mas tente explicar.

S: É menor que uma sala, usa fogo, e as pessoas sentam nele... Há também carros pequenos, e *kukushkas* e ônibus.

(Tenta definir o objeto enumerando outros objetos da mesma categoria.)

E: Diga outras coisas que são parecidas com essas.

S: Motoristas de táxi, bicicletas, trens. Eu lhe disse todas as coisas que eu já vi.

(Usa uma tentativa de certa forma diferente para definir o conceito.)

E: Que é liberdade?

S: Eu ouvi dizer que as mulheres conseguiram sua liberdade, mas só sei isso. Isso quer dizer que os donos da terra as oprimiam antes, mas agora elas saíram da miséria.

Sujeito: Aziz, 36 anos, trabalha na fazenda de Miknat; completou um curso de agricultura de dez semanas.

E: Que é um carro?

S: Um carro é uma coisa que anda depressa, usa eletricidade, água e ar. Percorre grandes distâncias, tornando fácil o trabalho difícil.

(Define isolando as características mais essenciais do objeto.)

E: Que é o sol?

S: A noite é escura, enquanto que de dia o sol ilumina o mundo, de modo que todos se beneficiam com ele.

E: Qual é o melhor jeito de definir o sol?

S: Para explicar, você tem de compará-lo não tem outro jeito. Foi por isso que eu mencionei a noite.

(Usa comparação e contraste para tentar uma definição.)

E: Que é uma cooperativa?

S: As lojas eram controladas pelos proprietários da terra e pelos comerciantes. Eles vendiam as coisas para os camponeses por preços altos. Agora o governo organizou suas próprias lojas uma cooperativa. Os camponeses podem comprar as coisas lá por preços baixos. Uma cooperativa torna uma pessoa parte da comunidade, ela provê o povo.

(Define com muito maior detalhe o conceito introduzido pelo sistema social; utiliza mais categorias abstratas; esclarece um conceito por meio de outro.)

Sujeito: Isamutd, 34 anos, trabalhador na fazenda Mikhnat; fez cursos de alfabetização.

E: Que é o sol? Como você o descreveria para um homem cego?

S: Eu diria que ele se levanta de manhã e se põe à tarde. Eu não sei como eu explicaria para ele, não consigo nem pensar como... Tudo o que eu poderia lhe dizer é que quando ele nasce, seus raios dão calor às coisas vivas e fortalecem as plantações.

(Tenta definir citando características importantes do objeto.)

E: Que é um carro?

S: Se alguém me perguntasse eu diria que ele toma o trabalho mais fácil. Se você estiver sem farinha ou lenha, um carro pode ir buscar bem rápido para você.

(Repete a mesma abordagem anterior.)

E: Como você explicaria um carro para alguém que nunca tivesse visto um?

S: Parece com um *araba* (tipo de carro de boi), só que um *araba* é uma coisa simples e um carro tem uma estrutura complicada. Não é uma coisa que uma pessoa possa fazer sozinha. Precisa de muita aprendizagem para fazer, vem de uma fábrica.

(Usa comparação para esclarecer a definição.)

E: Que é uma cooperativa?

S: Se alguém me perguntar o que é uma cooperativa, eu diria que é um armazém do Estado, com coisas e roupas, para prevenir todo tipo de escassez.

(Define o conceito através de sua função essencial e de sua relação com outro conceito: "armazém".)

Pode-se observar que processos psicológicos inteiramente diferentes orientaram as respostas desses sujeitos. Diferentemente do primeiro grupo, eles não repudiaram a tarefa, mas tentaram definir um objeto logicamente, comparando-o com outro. Embora não fossem capazes de colocar objetos da vida diária em categorias lógicas, ao definir conceitos "científicos" (cooperativa, por exemplo), usaram uma abordagem mais complexa, analisando a origem e o significado social do conceito e, em alguns casos, categorizando-o.

Nosso terceiro grupo de sujeitos (ativistas de fazendas coletivas ou pessoas com um pouco mais de instrução que o segundo grupo) mostrou uma abordagem ainda mais complexa.

Eles definiram conceitos sociais com muito mais detalhes frequentemente usando outros fenômenos abstratos (categoriais) como base de comparação.

Sujeito: Badoub, 30 anos, trabalhador de fazenda coletiva, alfabetizado, havia feito alguns cursos curtos.

E: Que é o sol?

S: É possível que uma pessoa nunca tenha visto o sol? Só alguém que morre no momento em que nasce. Como posso descrevê-lo? O sol dá luz ao mundo. Uma pessoa não pode viver sem o sol, ela morreria se não fosse ele.

(Define o conceito citando atributos essenciais.)

E: Que é um carro?

S: É feito numa fábrica. Em uma viagem ele pode cobrir a distância que um cavalo levaria dez viagens para percorrer ele anda assim rápido. Usa fogo e vapor. Primeiro temos de começar o fogo, para que a água ferva o vapor dá a força ao motor... Eu não sei se há água no carro, deve haver. Mas água não é suficiente, fogo também é necessário.

(Define o objeto descrevendo sua estrutura e operações.)

E: Que é uma cooperativa?

S: Ela nos toma parte da comunidade. É nossa indústria. Você vê, alguns comerciantes cobram dez rublos por uma coisa que vale um, enquanto que a cooperativa pega o algodão que produzimos e o vende barato.

(Define o conceito descrevendo seu objetivo e citando outros conceitos abstratos aos quais ele se relaciona.)

As respostas dos três grupos fornecem evidência suficiente para conclusões bem claras. Os sujeitos analfabetos, que não tiveram experiência de trabalho comunal ou se recusaram a dar uma definição verbal dos objetos ou o fizeram por meio de descrições gráficas detalhadas. Por outro lado, os sujeitos que são culturalmente mais avançados tiveram alguma instrução formal e se tornaram envolvidos em trabalho coletivo sistemático (que requer comunicação efetiva), desenvolveram outros meios de definir conceitos. Embora sua maneira de pensar seja basicamente gráfico-funcional, não teórica, eles pelo menos tentam definir conceitos usando comparação e contraste para detalhar as várias características dos objetos pertencentes a uma dada classe. É interessante notar que, mesmo nesse estágio, os sujeitos são mais capazes de definir e categorizar conceitos sociais do que conceitos "cotidianos".

Os sujeitos que têm uma experiência de trabalho coletivo consideravelmente maior e um pouco mais de instrução formal, são capazes de definir um número de conceitos significativamente maior. Eles analisam a natureza de um objeto em detalhe e, às vezes, percebem sua relação com outros conceitos. Esse tipo de análise também se aplica à sua definição de conceitos cotidianos. Os sujeitos que nós examinamos não estavam suficientemente desenvolvidos culturalmente para produzir definições "sucintas", pensando em termos de esquemas conceituais mais amplos. Entretanto, o fato de que eles puderam fazer a transição de um modo de pensamento gráfico, situacional, para os estágios elementares do pensamento conceitual, é de extraordinária importância.

O SIGNIFICADO DE TERMOS GENÉRICOS

Nossa pesquisa indicou que, em determinado estágio do desenvolvimento de processos cognitivos, as pessoas não empregam métodos verbais e lógicos para agrupar objetos, mas reconstroem situações gráficas em que os objetos possam funcionar juntos. Consequentemente, nessa modalidade de pensamento, a função primordial da linguagem não é de formular abstrações e generalizações a respeito de relações categoriais, mas sim de retomar adequadamente situações gráficas, práticas.

Queríamos esclarecer várias questões a respeito do uso da linguagem por nossos sujeitos. Seu tipo de pensamento predominantemente visual teria alterado o significado dos termos genéricos utilizados no pensamento abstrato? Isto é, atribuiriam a eles um significado muito mais concreto a alguns dos termos que, para nós, adquiriram significação geral, categorial? Esta última suposição está inteiramente conforme a ideia de Vygotsky de que o significado das palavras muda no decorrer do desenvolvimento cognitivo. A Psicologia se beneficiaria com dados adicionais em apoio a sua hipótese que, considerando alguns dos fatos que descrevemos, nos parece totalmente bem fundadas. Como observamos, os sujeitos interpretavam repetidas vezes a palavra "semelhante" — que possui um significado léxico preciso — como "adequado" ou "apropriado", empregando-a para designar objetos que eram pertinentes a uma dada situação. Não sentiam nenhum constrangimento em dizer que uma tora e um machado eram semelhantes, no sentido de que "se adequavam um ao outro". Desse modo, tínhamos condições de corroborar nossas suposições a respeito da utilização que faziam da linguagem e poderíamos esclarecer um aspecto da semântica que em geral não se reflete nos dicionários, mas apenas em estágios históricos diversos do uso da língua.

Tínhamos também curiosidade em saber se nossos sujeitos dariam um significado diferente a palavras tais como "ferramentas" ou "vasilhas". Este ponto exigiu verificação especial, uma vez que muitos dos agrupamentos fundados na prática, organizados por nossos sujeitos, não contradiziam os conceitos gerais que formulavam para eles. Mais ainda, parecia que tais conceitos pertenciam a categorias abstratas e não a inter-relações concretas entre os objetos.

Mediante nossa análise, esperávamos conseguir uma compreensão melhor do que se segue. Os fatos que observamos refletiriam meramente descaso pelo significado das palavras (o qual, nos casos mencionados, era equivalente a suas denotações)? Considerações práticas teriam passado a ser mais importantes do que o significado para aquelas pessoas? Ou teriam os fatos implicações mais profundas — ou seja, que a experiência prática havia alterado o próprio significado das palavras, e nesse caso, estávamos lidando com um esquema semântico diferente?

Nos experimentos especiais planejados para esclarecer tais pontos, utilizarmos dispositivos extremamente simples. Perguntamos aos sujeitos que haviam participado do experimento sobre classificação se os grupos de objetos que haviam composto podiam ser designados por um termo genérico apropriado ("ferramentas", "instrumentos", "vasilhas", e assim por diante). Se respondiam afirmativamente, pedíamos que especificassem outros objetos que a palavra designasse, ou que os selecionassem de um grupo suplementar que lhes apresentávamos. (Em alguns casos, este último correspondia a mesma categoria de objetos; em outros, apenas a suas relações práticas). No decorrer do experimento, questionávamos longamente os sujeitos para esclarecer o significado que atribuíam a um termo genérico.

Das quinze pessoas que participaram do experimento, dez representavam nosso principal grupo de sujeitos (camponeses analfabetos). Os outros foram selecionados do grupo que possuía apenas um montante mínimo de instrução, mas estavam ativamente envolvidos no trabalho comunitário. Os resultados desses experimentos confirmaram nossa suposição a respeito de uma mudança do significado das palavras, muito embora isso pudesse parecer improvável a partir das respostas que recebemos inicialmente.

A maioria dos sujeitos de nosso primeiro grupo considerou a definição de uma palavra um procedimento irrelevante, que substituía imediatamente pelo pensamento visual, incorporando o objeto designado a um esquema prático. No caso deles, o "significado" da palavra havia adquirido uma "excrescência" de conotações gráfico-funcionais. Isso não privava de modo algum a palavra do significado costumeiramente a ela atribuído; não obstante, de um ponto de vista psicológico, esses sujeitos usavam a palavra de forma indiscutivelmente atípica. Alguns deles não hesitavam em aplicar um termo genérico a uma situação concreta; outros indicavam primeiro as maneiras específicas pelas quais os objetos interagiam, indicando, com isso, que, em sua mente, o princípio da utilidade havia encoberto o significado primitivo dos termos genéricos.

Seria necessário estudos psicolinguísticos adicionais para corroborar essa observação que, acredito, é suficientemente digna de nota para merecer a consideração dos especialistas. Mencionamos, a seguir, algumas das repostas que obtivemos nesta parte de nosso estudo.

Participantes: Kar Farfil, 25 anos, camponês do vilarejo de Palman (1); Yarb Madmar, 32 anos (2); Mad, 26 anos, carroceiro (3). A esses três sujeitos analfabetos mostraram-se desenhos de serra machado martelo.

E: Você diria que essas coisas são ferramentas?

S1, S2, S3: Sim.

E: E uma tora?

S1: Também tem relação com esses. Fazemos todo tipo de coisas com toras rabiças de arado, portas e os cabos de ferramentas.

S2: Dizemos que uma tora é uma ferramenta porque ela trabalha com ferramentas para fazer as coisas. Pedaços de toras entram na feitura de ferramentas.

E: Um homem, porém, disse que a tora não é uma ferramenta, uma vez que não pode serrar ou cortar.

S3: Algum cara louco deve ter dito isso para você! Afinal você precisa duma tora para ferramentas... junto com ferro ela pode cortar.

(Incluem no conceito de "ferramentas" os objetos com os quais elas são feitas.)

E: Mas eu não posso chamar madeira de ferramenta!

S3: Pode sim você pode fazer rabiças com ela.

E: Mas você pode realmente dizer que madeira é uma ferramenta?

S2: Ela é! Os postes são feitos com ela, as rabiças... Chamamos de "ferramentas" todas as coisas de que temos necessidade.

(Utilizam a palavra "ferramentas" de maneira determinada pelo princípio da necessidade.)

E: Cite todas as ferramentas que você puder.

S3: Um machado, uma *mosque* (charrete com molas) e também a árvore onde amarramos um cavalo, se não houver poste por perto. Olhe, se não tivéssemos esta prancha aqui, não teríamos condições de segurar a água nesta vala

147

de irrigação. Por isso, ela também é uma ferramenta, como também é a madeira com que se faz um quadro-negro.

(Aplica o mesmo princípio.)

E: Cite todas as ferramentas usadas para produzir coisas.

S1: Nós temos um ditado: dê uma olhada nos campos e você verá ferramentas.

(Atribui sentido mais amplo à palavra "ferramenta".)

S3: Machadinha, machado serra, canga e a correia usada numa sela.

E: Você pode realmente chamar madeira de ferramenta?

S2: Claro que sim! Se não tivermos madeira para usar com um machado, não podemos arar e não podemos fazer uma carroça.

Sujeito: Nazir Said, 27 anos, camponês analfabeto de Yukhar Makhalla. Escolhe um martelo, serra, tora e machadinha e chama-os de *asbob*.

E: Você pode realmente chamar uma tora de *asbob*?

S: Pode-se, mas não atualmente, já que os outros continuam sendo ferramentas, enquanto se usa a tora para fazer portas.

(Agrupa ferramentas e materiais.)

Sujeito: Mirza Shiral, 57 anos, camponês do vilarejo de Yardan, semialfabetizado. Agrupa um martelo, serra, tora c machadinha e chama-os de *asbob*.

E: Que outras coisas você chama de ferramentas?

S: Um machado, uma machadinha, uma serra, dois homens com uma serra — tudo isso são ferramentas.

148

E: Pode-se mesmo chamar gente de ferramentas?

S: Não, mas qualquer vida acaba chegando numa só coisa: as pessoas se juntam para trabalhar.

E: Pode-se chamar uma tora de ferramenta?

S: Sim, todas essas coisas têm que ver uma com a outra. Se se usa o machado para rachar a tora, ela se rachará.

(Aplica o termo a objetos que funcionam juntos para realizar um trabalho.)

E: Mas se eu rachar a tora com as mãos, posso chamar minhas mãos de ferramentas?

S: Claro que sim! Elas têm força e é com essa força que rachamos lenha.

E: Que mais se pode chamar de ferramenta?

S: Um trator, touros com um machado, grãos podemos nos alimentar com eles. Tudo que entra em nosso estômago é uma ferramenta. Primeiro o homem usa sua força para plantar a semente, daí ela cresce e então a gente come o grão que amadurece.

(Inclui no conceito tanto as ferramentas como seus produtos.)

Sujeito: Khaid, 48 anos, kirghiz analfabeto de Mashalyana. Agrupa um martelo, serra, tora, machadinha e chama-os de *asbob*.

E: Que outras coisas se pode chamar de ferramentas?

S: Um machado, uma serra, uma faca, uma navalha, uma sovela.

E: O fio que se enfia na sovela pode ser chamado de ferramenta?

149

S: Sim, porque ele é usado para coisas.

(Inclui no conceito extensa gama de itens acessórios.)

E: Um asno é uma ferramenta?

S: Sim, porque é necessário para viajar.

E: E lenha?

S: Claro! A lenha é a ferramenta mais importante. Isto (pega um bloco de esterco) também é uma ferramenta, porque posso acender fogo com ele.

E: Diga mais algumas ferramentas.

S: Casulos, eles também são necessários; a terra — essa é a ferramenta mais importante. Capim, corda, um gorro para proteger a gente do calor, uma cabeça, uma pessoa — somos todos coisas que vivem.

(Amplia a gama do conceito.)

Sujeito: Mirzab, 39 anos, camponês de Kizil-Kiya; estudou por conta própria, no entanto, mal sabia ler e escrever.

Agrupou copo, panela, garrafa, óculos e chamou-os de *muim* (objetos domésticos).

E: Óculos podem ser chamados *muim*?

S: Sim!

E: Que mais se pode chamar de *muim*?

S: Colheres, panelas e outras coisas. Eu não uso óculos, mas outros usam, isso quer dizer que são úteis.

(Paz da "utilidade" o princípio da generalização.)

E: Pode-se chamar o fogo de *muim*?

S: Claro que sim! Sem ele, não se pode cozinhar nada.

E: E sopa?

S: Sim, pode-se fazer sopa numa panela.

(Agrupa objetos domésticos com vasilhas de cozinha.)

O sujeito introduz outra palavra — *idish* — que significa vasilhas de cozinha e lhe é pedido que explique o uso.

S: Se uma garrafa tem vodca dentro, eu não diria que tem que ver com as outras coisas, mas, se ela tem água, sim. Os óculos também combinam com essas coisas — a gente precisa deles se a vista está incomodando.

(Agrupa novamente em termos do princípio de "utilidade".)

E: Pode-se chamar lenha de *idish*?

S: (Pensa um pouco). Sim, as pessoas precisam dela para cozinhar, precisam dela para as vasilhas em que cozinham.

E: Mas pode-se chamá-la de *idish*?

S: Não sei... a lenha é usada de muitos modos diferentes para cozinhar os alimentos.

E: Pode-se chamar a sopa de *idish*?

S: Não sei se ela é um *idish* ou não.

(Demonstra certa hesitação quanto à interpretação tão ampla do termo.)

Sujeito: Dusmat, 30 anos, analfabeto, antes lavrador, agora trabalha numa pedreira. Agrupa martelo, serra, tora e machadinha, chamando-os de *asbob*.

E: Que outras coisas você chamaria de *asbob*?

S: Picareta, pá, alavanca, broca, martelo.

E: Pode-se chamar uma tábua de *asbob*?

S: Sim.

E: E uma tora?

S: Sim, é a mais importante delas. Se quebra alguma coisa numa carroça e você não tem alguma madeira à mão, Você está encrencado.

E: E carvão, é *asbob*?

S: Claro, não se pode fazer massa de cimento sem ele.

E: E uma pessoa?

S: Uma pessoa também é... se está de estômago vazio, ela não pode trabalhar.

E: Que espécie de coisas se podem chamar de *idish* (vasilhas de cozinha)?

S: Prato, talheres, caneca, balde e a água que se precisa para ele.

E: Mas água é mesmo um *idish*?

S: Sim... Não! Ela escorre. Se a vasilha tem um furo, a água vai-se embora.

(Volta à inclusão de objetos que funcionam com vasilhas de cozinha, mas, a seguir, restringe o grupo.)

E: Que outras coisas se pode chamar de *idish*?

S: Uma xícara, um prato.

E: E lenha?

S: Também é necessária, mas não é um *idish*.

E: E fogo?

S: Não. Quando a gente mesmo acende, é um *idish*, mas doutro modo não.

E: E fósforos?

S: Claro que sim. Vamos dizer que se tenha de fazer uma longa caminhada e se tenha fumo e palha, mas não se tenha fósforo: como é que se vai conseguir? A gente precisa deles, então eles também são *idish*.

(Utiliza uma vez mais a ideia de "necessidade".)

E: Então tudo de que se precisa é um *idish*?

S: Não, há também *asbob*. Estou falando sobre coisas necessárias.

Essas respostas são notáveis. Apontam que, na tentativa de definir o significado abstrato, categorial de um dado termo, os sujeitos começavam enumerando itens que, de fato, pertenciam à categoria indicada. Não obstante, logo ultrapassavam seus limites, incluindo objetos que simplesmente são encontrados juntos ou podem ser considerados úteis.

Pesquisas futuras deverão determinar se esse tipo de comportamento reflete meramente uma volta ao pensamento situacional ou se o significado de um termo genérico nessa modalidade de pensamento possui um âmbito semântico indeterminado, tal que permite a inclusão de objetos que não podem ser incluídos sob uma categoria específica, mas possuem alguma associação prática com ela. Acreditamos que os fatos substanciam esta última conclusão. Julgando pelas respostas de nossos sujeitos, uma palavra conserva seu sentido léxico original, mas possui conotações suficientemente amplas que se aplicam não apenas a um grupo específico de objetos, como também aos que se relacionam com ele na prática concreta.

Esses fenômenos linguísticos só foram evidentes nas respostas de nosso primeiro grupo de sujeitos. O segundo grupo não atribuía interpretação de tal amplitude aos termos genéricos, mas os empregava com significado categorial preciso.

O material que examinamos demonstra as modalidades de generalizações que caracterizam o pensamento de pessoas que foram moldadas por condições sociais, econômicas e culturais diversas das nossas. As evidências reunidas indicam que os processos utilizados para apresentar abstrações e generalizações não assumem uma forma invariável em todos os estágios do crescimento mental. Esses processos são, eles próprios, produto do desenvolvimento socioeconômico e cultural.

A maioria de nossos sujeitos era membro de uma sociedade em que funções práticas rudimentares constituíam a atividade humana fundamental. Carecendo da educação formal que lhes teria permitido um desenvolvimento intelectual sistemático, aquelas pessoas consideravam os procedimentos lógicos de categorização irrelevantes e sem nenhum valor prático. Assim, substituíam-nos por procedimentos que tinham mais sentido para elas, analisando um objeto segundo sua relevância para uma situação funcional. Essa abordagem tinha precedência sobre as operações lógicas verbais típicas do pensamento abstrato, de modo que aquelas pessoas tendiam a utilizar o pensamento concreto para reconstruir situações que pudessem tornar-se base para reunir objetos discretos.

A estrutura semântica e psicológica dessa modalidade de pensamento é singular. As palavras têm funções inteiramente diversas das que possuem num sistema de pensamento abstrato; elas são usadas não para codificar objetos em esquemas conceptuais, mas para estabelecer as relações práticas entre esses objetos.

Tal modalidade de pensamento, contudo, sofre uma transformação radical assim que mudam as condições de Vida das pessoas. Quando elas adquirem alguma instrução e participam de discussões coletivas de temas sociais vitais, rapidamente fazem a transição para o pensamento abstrato. A aquisição de novas experiências e de novas ideias confere um significado adicional a seu uso da linguagem de modo que as palavras se tornam o agente principal de abstração e de generalização. A esta altura, as pessoas abandonam o pensamento gráfico e codificam as ideias principalmente mediante esquemas conceptuais.

Naturalmente, ao fazer a transição do pensamento concreto para o teórico, não é imediatamente que as pessoas adquirem a capacidade de formular sucintamente suas ideias. Manifestam praticamente a mesma tendência discursiva que caracterizava seus hábitos anteriores de pensamento. Com o decorrer do tempo, contudo, superam a tendência de pensar em termos visuais e podem apresentar abstrações de maneira mais sofisticada.

A instrução formal, que altera radicalmente a natureza da atividade cognitiva, facilita enormemente a transição das operações práticas para as operações teóricas. Assim que as pessoas adquirem instrução formal, fazem uso cada vez maior da categorização para exprimir ideias que refletem objetivamente a realidade.

Uma análise histórica das condições culturais específicas que determinam os vários métodos de abstração e generalização é de importância fundamental na Psicologia. Esse tipo de análise sugere que é tempo de reexaminarmos as velhas noções filosóficas e psicológicas a respeito da invariabilidade das categorias fundamentais do pensamento.

4

DEDUÇÃO E INFERÊNCIA

Até agora descrevemos processos de generalização gráfico-funcionais característicos de pessoas de um determinado sistema socioeconômico. Tentamos analisar a estrutura psicológica desses processos e as mudanças estruturais que ocorrem quando as formas de atividade dessas pessoas são reestruturadas. Qual será a natureza do pensamento lógico-discursivo nesse estágio de reflexão gráfico-funcional da realidade?

O PROBLEMA

O pensamento conceitual envolve uma enorme expansão das formas resultantes da atividade cognitiva. Uma pessoa capaz de pensamento abstrato reflete o mundo externo mais profunda e completamente e chega a conclusões e inferências a respeito do fenômeno percebido, tomando por base não só a sua experiência pessoal, mas também os esquemas de pensamento lógico que objetivamente se formam em um estágio avançado do desenvolvimento da atividade cognitiva.

O aparecimento dos códigos verbal e lógico, permitindo a abstração dos aspectos essenciais dos objetos e assim a atribuição desses objetos a categorias genéricas leva à formação de um aparato lógico mais complexo. Esse aparato permite que conclusões sejam tiradas a partir de premissas dadas sem ter de recorrer à experiência gráfico-funcional imediata, tornando possível a aquisição de novos conhecimentos de um modo discursivo e lógico-verbal. Este fato é o que torna possível a transição da consciência sensorial para a racional, um fenômeno que os clássicos do marxismo consideram um dos mais importantes na história.

A presença de conceitos gerais a que conceitos particulares se subordinam hierarquicamente cria um sistema lógico de códigos. Esse código toma possível a mudança de uma classe de coisas para outra e cria um sistema de relações verbais e logicas através do qual os conceitos humanos são canalizados. A medida que os pensamentos teóricos se desenvolvem, o sistema se torna cada vez mais complexo. Além das palavras (mais precisamente, significados, que possuem uma estrutura conceitual complexa) e sentenças (cuja estrutura lógica e gramatical permite que as mesmas funcionem como o aparato básico dos julgamentos), este sistema também inclui "dispositivos" verbais-lógicos mais complexos que tornam possível a realização de operações de dedução e inferência sem relação com a experiência direta.

Um dos mecanismos objetivos que surgem no processo de desenvolvimento da atividade cognitiva é o silogismo — um conjunto de julgamentos individuais com graus variados de generalidade e com determinadas relações de necessidade entre si. Duas sentenças, das quais a primeira ("metais preciosos não enferrujam") é por natureza um julgamento geral e compreende a "premissa maior", enquanto a segunda ("ouro é um metal precioso") é uma proposição particular e compreende a "premissa menor", não são percebidas pela consciência desenvolvida como duas frases isoladas em justaposição Um ser humano cujo processo teórico de pensamento está bem desenvolvido perceberá as duas como uma relação lógica completa implicando a conclusão" "portanto o ouro não enferruja". Essa conclusão, não requer qualquer experiência pessoal; chega-se a ela através de um silogismo criado objetivamente pela experiência histórica. Uma parte considerável de nossas operações intelectuais envolve esses sistemas lógico-verbais; eles compreendem a rede básica de códigos através da qual as conexões do pensamento humano discursivo são canalizadas.

A natureza básica desses esquemas lógicos é tão óbvia que muitos psicólogos (por exemplo, os fenomenologistas ou seguidores da escola de Würzburg) se mostravam inclinados a considerá-los propriedades básicas da consciência humana e falavam sobre "sentimentos lógicos", assumindo implicitamente que tais sentimentos existem sob as mesmas formas em todos os estágios da história.

Piaget foi o primeiro a levantar dúvidas a respeito. Nos seus famosos estudos sobre a ontogênese das Operações intelectuais, ele mostrou que os processos básicos do pensamento lógico, sob a forma de indução e dedução, são o resultado do desenvolvimento e, nos primeiros estágios da atividade cognitiva das crianças, esses processos lógicos são substituídos por formas menos sofisticadas de "transdução", nas quais as impressões diretas desempenham um papel muito maior do que os esquemas verbal-lógicos ainda não desenvolvidos.

Um grande número de estudos apareceu depois da investigação clássica de Piaget, e eles vieram a formar um novo campo da ciência: a lógica genética. Este campo afirmava que a noção de que as categorias lógicas são universais e constantes é incorreta, e os "esquemas lógicos" antes encarados como formas básicas e constantes da existência consciente eram na verdade o resultado de um complexo desenvolvimento psicológico.

Mas essas afirmações necessitavam ser desenvolvidas e testadas. São os esquemas lógicos invariantes em diferentes estágios do desenvolvimento histórico-social? Apresentam eles a mesma forma na produção dos processos de pensamento em diferentes culturas? Eles estão igualmente engajados nos processos de pensamento concreto em fases sucessivas do desenvolvimento cultural? Qual é exatamente a estrutura dos processos derivacionais e inferenciais entre as pessoas cuja vida permanece na atividade prática concreta? Experimentos especiais foram necessários para responder a essas questões.

EXPERIMENTOS COM SILOGISMOS

Nossos primeiros experimentos tinham a intenção de mostrar como o processo de inferência a partir de silogismos ocorria em nossos sujeitos. Estávamos interessados na forma pela qual eles usariam o procedimento de silogismo como o modelo mais simples das operações discursivas; como as relações lógicas entre as partes que constituíam o silogismo funcionavam no pensamento dos sujeitos; e como a operação de referência teórica a partir da relação entre as premissas maior e menor iria interagir com as conclusões tiradas da experiência imediata.

PROCEDIMENTO

Era apresentado aos sujeitos um silogismo completo, incluindo as premissas maior e menor. Solicitava-se então que repetissem o sistema inteiro, para determinar se haviam percebido os componentes como partes de um único esquema lógico ou como julgamentos isolados. Dava-se atenção especial às distorções das premissas e às questões que ocorriam durante a repetição. Essas distorções podiam fornecer um critério preciso de quanto o silogismo havia sido percebido como um sistema unificado.

Depois da repetição do silogismo, tentávamos ver se as premissas poderiam ser utilizadas para realizar a dedução apropriada. Os silogismos era corrigido (se o sujeito havia cometido erros na repetição do mesmo) e o sujeito era solicitado a fornecer uma resposta à questão que completava o silogismo. Para que a base sobre a qual um julgamento particular era feito pudesse ficar clara, o sujeito era solicitado a explicar por que havia chegado àquela conclusão-particular.

Para determinar se o julgamento havia sido feito com base na lógica das premissas maior e menor ou se fora derivado da experiência prática do sujeito, havia dois tipos de silogismos. Uma parte consistia em silogismo cujo conteúdo fora retirado da experiência prática imediata dos sujeitos. Os outros silogismos tinham um conteúdo divorciado dessa experiência. Neste último caso, as inferências só poderiam ser feitas por dedução lógica.

Vinte sujeitos tomaram parte no experimento, dos quais quinze eram camponeses de regiões longínquas que tinham passado pouco tempo em grandes cidades e não tinham educação formal. Como nas áreas anteriores, havia um grupo de comparação constituído por cinco ativistas de fazendas coletivas e por jovens que tinham recebido educação formal de curta duração (um ou dois anos). (Os dados obtidos no grupo de comparação foram tão uniformes que aumentá-lo parecia não ter sentido).

REPETIÇÃO DOS SILOGISMOS

Os sujeitos com formas de pensamento teórico bem estabelecidas tendiam a captar a estrutura lógica global, reproduzir imediatamente a relação entre a premissa maior e menor e formular com facilidade a questão resultante.

Os sujeitos do grupo básico mostraram um padrão bastante diferente de comportamento. Esses sujeitos, em geral, não percebiam imediatamente a relação lógica entre as partes de silogismo. Para eles, cada uma das três frases separadas constituía um julgamento isolado. Assim, tais sujeitos repetiam sentenças separadas, reproduzindo-as como se não se relacionassem, como julgamentos separados, frequentemente simplificando-as e modificando sua forma. A ligação das premissas maior e menor não era explicitamente percebida, e as sentenças virtualmente perdiam todo o seu caráter silogístico.

O seguinte silogismo foi apresentado: Metais preciosos não enferrujam. O ouro é um metal precioso. Ele enferruja ou não? Na sequência mostraremos exemplos de como esse silogismo foi repetido (o número entre parênteses representa o número de vezes que o silogismo foi apresentado).

Sujeito: Kurb, dezoito anos, camponês de região longínqua, analfabeto.

S: Os metais preciosos enferrujam ou não? O ouro enferruja ou não? (1)

Sujeito: Gal., camponês de região longínqua, quase analfabeto.

S: Dinheiro precioso enferruja havia mais alguma coisa, eu esqueci. (1)

S: Os metais preciosos enferrujam ou não? (2)

Sujeito: Sult, vinte anos, camponês de região longínqua, quase analfabeto.

S: Metais preciosos enferrujam. (1)

S: Metais preciosos enferrujam ou não? (2)

Sujeito: lganberdy, trinta e quatro anos, kirghiz, analfabeto.

S: Metais preciosos enferrujam. Ouro precioso enferruja. (1)

S: Ouro precioso enferruja ou não? (2)

S: Metais preciosos enferrujam ou não? Ouro precioso enferruja ou não? (3)

Sujeito: Mamlak, trinta e dois anos, camponês, quase analfabeto.

S: Eles são todos preciosos ouro é também precioso ele enferruja ou não? (1)

O seguinte silogismo foi apresentado: Coelhos vivem em grandes florestas. Não há grandes florestas nas cidades. Há coelhos nas grandes cidades?

Sujeito: Kul, camponês de região longínqua, quase analfabeto.

S: Em uma cidade há uma floresta. Pode haver coelhos lá? Há uma outra floresta. Pode haver coelhos lá? (1)

Sujeito: Gal, dezessete anos, camponês, quase analfabeto.

S: Em uma cidade há uma floresta e há coelhos. Em uma outra grande cidade não há floresta. Pode haver coelhos lá? (1)

Sujeito: Khaidar, trinta e dois anos, kirghiz de um campo nômade remoto, analfabeto.

S: Aqui há grandes florestas há coelhos nelas? (1)

S: Aqui há grandes florestas, com coelhos nelas. Por que não há coelhos nas grandes cidades? (2)

Sujeito: Akram, dezoito anos, camponês, analfabeto.

S: Há coelhos nas florestas. Há coelhos nas grandes cidades ou não? (1)

O seguinte silogismo foi apresentado: Ursos brancos existem somente onde faz muito frio e há neve. Casulos de seda existem somente onde faz muito calor. Há lugares onde existem tanto ursos brancos quanto casulos?

Sujeito: Kul, vinte e seis anos, camponês, quase analfabeto.

S: Existe um país onde há ursos brancos e neve branca.

Pode haver uma coisa assim? A seda branca pode crescer lá? (1)

S: Onde existe neve branca vivem ursos brancos. Onde é quente, há bichos-da-seda brancos. Pode haver alguma coisa assim na face da terra? (3)

Sujeito: Rust, quarenta e dois anos, camponês, analfabeto.

S: Onde há neve branca, há ursos brancos. Onde é quente existem casulos ou não? (1)

S: Onde é frio, há ursos brancos. Onde é quente há casulos? Há na terra lugares como esses? (2)

164

S: Onde é frio, vivem os ursos brancos? Onde é quente, há casulos? Existem esses países na terra? (3)

O seguinte silogismo foi apresentado: Os livros são feitos de papel. No Japão, o papel é feito de seda. Como são feitos os livros no Japão?

Sujeito: Gal, dezessete anos, camponês, analfabeto.

S: No Japão de que são feitos os livros? De que são feitos esses livros? (1)

S: De que são feitos os livros em todo lugar? Não, se eu disser palavras diferentes, não funciona. (2)

Sujeito: Abdur, trinta anos, camponês da vila de Yardan, analfabeto.

S: Todo papel é de seda. No Japão o papel é de seda. (1)

S: Todos os livros são feitos de papel... no Japão os livros são feitos de seda. Por quê?

Esses exemplos mostram que os silogismos não são percebidos por esses sujeitos como um sistema lógico unificado. Eles repetem diferentes partes dos silogismos como frases isoladas, logicamente não relacionadas. Em alguns casos, chegam a entender a forma interrogativa da última sentença, que transferem então para a formulação das duas premissas que haviam registrado como duas questões isoladas. Em outros casos, a questão formulada no silogismo é repetida, não importando as premissas precedentes; assim, a questão é percebida como não relacionada às duas premissas interconectadas. Em todos os exemplos, quando o sujeito repetia as premissas, ele não dava a elas o caráter de afirmações universais. Ao invés disso, ele convertia cada uma em afirmação específica não relacionada logicamente à outra e inútil para chegar à conclusão lógica apropriada.

165

Podemos, portanto concluir que os silogismos não são necessariamente percebidos como uma série de proposições de graus variados de generalidade que compreendem uma estrutura lógica unificada. Eles podem ser percebidos como uma série de julgamentos isolados, concretos e não logicamente correlacionados que não levam a nenhuma inferência particular, não sendo, portanto, um meio de dedução.

No decorrer do experimento ficou claro que, para continuar a investigação das operações lógicas, era necessário um estudo preliminar sobre as figuras silogísticas com esses sujeitos especificamente um trabalho que focalizasse a natureza universal das premissas e sua inter-relação lógica e chamasse a atenção dos sujeitos para essas relações.

Os sujeitos com alguma escolaridade repetiam os silogismos sem maiores dificuldades. Depois de uma ou duas repetições, eles usualmente reproduziam corretamente as figuras silogísticas.

O PROCESSO DE DEDUÇÃO

Apresentamos aos sujeitos dois tipos de silogismos. Um tipo continha premissas familiares aos sujeitos, retiradas da sua experiência prática, exceto pelo fato de que essa experiência era transferida para novas condições. Por exemplo: Algodão cresce muito bem onde é quente e seco. Na Inglaterra é frio e úmido. Pode crescer algodão ali?

O segundo tipo de silogismo incluía material não familiar aos sujeitos, e suas inferências tinham de ser puramente teóricas. Por exemplo: No norte, onde há neve, todos os ursos são brancos. Novaya Zemlya fica no norte. De que cor são os ursos lá?

Os sujeitos que viviam em condições mais atrasadas (principalmente as mulheres *ichkari*) se recusaram a fazer quaisquer inferências, mesmo a partir de silogismos do primeiro tipo. Elas frequentemente declaravam que nunca estiveram nesses lugares estranhos e não sabiam se o algodão crescia lá. Somente quando o experimentador insistia e lhes solicitava a responder ("Que as minhas palavras sugerem?") é que elas concordavam em tirar uma conclusão ("Conforme suas palavras, deve ser que o algodão não cresce lá, uma vez que é frio e úmido; quando é frio e úmido, o algodão não cresce").

Elas se recusavam mais firmemente ainda a fazer inferências do segundo tipo de silogismo. Em geral, muitas se recusaram a aceitar a premissa maior, declarando que "Nunca haviam estado no norte e nunca haviam visto ursos; para responder a essa questão, você deveria perguntar às pessoas que estiveram lá e os viram". Frequentemente elas ignoravam completamente a premissa e substituíam o processo de inferência por considerações próprias, por exemplo. "Há diferentes tipos de ursos; se algum nasceu vermelho, ele permanecerá assim"; ou "O mundo é grande, eu não conheço todos os tipos de ursos que existem", e introduziam opiniões gerais, baseadas em boatos, sobre os ursos. Resumindo, em todos os casos elas evitavam realizar a tarefa.

Alguns sujeitos negavam completamente a possibilidade de tirar qualquer conclusão de silogismos desse tipo, declarando que eles "só podiam julgar aquilo que haviam visto", ou "não queriam mentir", ou "a questão somente podia ser respondida por pessoas que os tivessem visto ou conhecido". Mesmo as questões para ajudar ("O que minhas palavras sugerem?") não levavam a nenhuma resposta. Os sujeitos se recusavam a recorrer à inferência lógica a partir das premissas dadas.

Assim, a resposta mais típica dos sujeitos era uma completa negação da possibilidade de tirar conclusões a partir de proposições sobre coisas com as quais eles não haviam tido experiência pessoal e uma suspeita sobre qualquer operação lógica de natureza puramente teórica, embora houvesse o reconhecimento da possibilidade de chegar a conclusões a partir da própria experiência prática. Aqui temos alguns exemplos que sustentam essas generalizações.

Sujeito: Abdurakhm, trinta e sete anos, de um vilarejo isolado de Kashgar, analfabeta.

E: Algodão pode crescer somente onde é quente e seco. Na Inglaterra é frio e úmido. O algodão pode crescer lá?

S: Eu não sei.

E: Pense sobre isso.

S: Eu sempre vivi no país de Kashgar; eu não conheço nada além.

(Recusa; referência à falta de experiência pessoal.)

E: Mas baseado no que eu disse a você, o algodão pode crescer lá?

S: Se a terra é boa, o algodão crescerá lá, mas se for úmida e pobre, ele não crescerá. Se for como na região de Kashgar, ele crescerá lá também. Se o solo for fofo, ele também pode crescer lá, é claro.

(As duas premissas foram ignoradas, o raciocínio foi conduzido dentro do esquema de condições pensadas independente.)

E: O silogismo é repetido. Que você pode concluir a partir das minhas palavras?

S: Se é frio lá, ele não crescerá; se o solo for fofo e bom, ele crescerá.

(Condições do silogismo ignoradas.)

E: Mas o que sugerem as minhas palavras?

S: Bem, nós *moslems*, nós *kashgars*, nós somos pessoas ignorantes; nós nunca estivemos em outros lugares, portanto nós não sabemos se é quente ou frio lá.

(O mesmo.)

O seguinte silogismo é apresentado: No Norte, onde há neve, todos os ursos são brancos. Novaya Zemlya fica no norte e lá sempre neva. De que cor são os ursos lá?

S: Há diferentes tipos de ursos.

(Falha em inferir a partir do silogismo.)

O silogismo é repetido.

S: Eu não sei; eu já vi um urso negro, eu nunca vi outros... Cada localidade tem seus próprios animais: se é branco, eles serão brancos; se for amarelo, eles serão amarelos.

(Apela somente para a experiência pessoal, gráfica.)

E: Mas que tipo de ursos existem em Novaya Zemlya?

S: Nós sempre falamos somente sobre o que já vimos; nós não falamos sobre o que não vimos.

(O mesmo.)

E: Mas o que as minhas palavras implicam? O silogismo é repetido.

S: Bem, é assim: nosso czar não é como o seu e o seu não é como o nosso. Suas palavras somente podem ser respondidas por alguém que esteve lá, e se uma pessoa não esteve lá ela não pode dizer nada baseada em suas palavras.

(O mesmo.)

E: Mas com base nas minhas palavras — no norte, onde há sempre neve, os ursos são brancos — você pode entender que tipo de ursos existem em Novaya Zemlya?

S: Se um homem de sessenta ou oitenta anos tivesse visto um urso branco e tivesse contado sobre isso, se acreditaria nele, mas eu nunca vi um e, portanto, não posso dizer. Esta é a minha última palavra. Aqueles que viram podem dizer e aqueles que não viram não podem dizer nada! (Neste ponto um jovem *ubzek* disse espontaneamente: De suas palavras significa que lá os ursos são brancos).

E: Bem, qual de vocês está certo?

S: Aquilo que o galo sabe fazer ele faz. Aquilo que eu sei, eu digo, e nada além disso!

Sujeito: Rustam, quarenta e sete anos, camponês da vila de Palman, analfabeto.

O silogismo do algodão é apresentado.

E: O algodão cresce em lugares frios?

S: Não, veja você, o clima está ficando pior aqui e o algodão está pior.

E: E se chovesse todo o tempo, será que o algodão cresceria ou não?

S: Não, o algodão não gosta da chuva. Foi por causa da chuva que não tivemos colheita.

E: Bem, na Inglaterra é frio e chove o tempo todo. O algodão pode crescer lá?

S: Eu não sei. Já ouvi falar na Inglaterra, mas eu não sei se o algodão cresce lá.

E: É frio e chove bastante lá. O algodão pode crescer lá?

S: Se é frio e chove bastante, somente o algodão do tipo irrigado pode crescer lá, mas ainda assim não haveria colheita.

170

(Fracasso ao inferir além da experiência pessoal.)

E: E há pessoas envolvidas no plantio de algodão lá?

S: Como posso saber?! Se ele pode ser semeado, as pessoas provavelmente o plantam.

(Raciocínio dentro do esquema das premissas e inferência totalmente decorrente da prática.)

O silogismo do urso branco é apresentado.

E: De que cor são os ursos no norte?

S: Se houvesse alguém que tivesse uma grande experiência e tivesse estado em todo lugar, ele se sairia bem em responder a pergunta.

(Inferência não decorrente das premissas.)

E: Mas você pode responder à pergunta baseando-se nas minhas palavras?

S: Uma pessoa que viajou muito e esteve em países frios e viu uma porção de coisas poderia responder: ela saberia de que cor são os ursos.

(Fracasso ao inferir a partir das premissas do silogismo e apelo à necessidade da experiência pessoal para poder responder à questão.)

E: Bem, no norte, na Sibéria, há sempre neve. Eu lhe disse que onde há neve os ursos são brancos. Que tipo de ursos há no norte, na Sibéria?

S: Eu nunca fui à Sibéria. Tadzhibai-aka, que morreu no ano passado, esteve lá. Ele disse que havia ursos brancos, mas ele não disse de que tipo.

(O mesmo.)

Nós não poderíamos ter achado um exemplo tão bom quanto as respostas desse sujeito, que apenas acabava de chegar das regiões mais remotas do país Kashgar, de como é tratada a operação teórica da inferência a partir de silogismos. O sujeito se recusava a discutir qualquer tópico que fosse além da sua experiência pessoal, insistindo que "uma pessoa só podia falar sobre aquilo que tivesse visto", e não aceitava as premissas apresentadas a ele. Outros sujeitos no grupo apresentaram o mesmo tipo de resposta.

Sujeito: Khamrak, quarenta anos, moleiro de um vilarejo isolado, analfabeto.

O silogismo do algodão é apresentado.

E: O algodão pode crescer onde é frio e úmido?

S: Não, se o solo for úmido e frio, ele não pode.

E: Bem, na Inglaterra é úmido e frio. O algodão crescerá ali?

A mulher do sujeito fala espontaneamente: É frio aqui também.

E: Mas lá é sempre úmido e frio. O algodão crescerá?

S: Eu, eu não... eu não sei como é o tempo lá!

(Os dados da premissa menor são ignorados; recorre à experiência pessoal.)

E: O algodão não pode crescer onde é frio, e é frio na Inglaterra. O algodão cresce ou não lá?

S: Eu não sei... se é frio, ele não cresce, ao passo que se for quente ele cresce. Das suas palavras, eu deveria dizer que o algodão não cresce lá. Mas eu teria de saber como é à primavera lá, que tipo de noites eles têm.

(Possibilidade de inferência a partir das suas palavras, mas referência à falta de experiência pessoal.)

O silogismo do urso branco é apresentado.

E: De que cor são os ursos no norte?

S: Eu não sei de que cor são os ursos lá, eu nunca os vi.

(Recusa em retirar conclusões devido à falta de experiência.)

E: Mas o que você acha?

S: Uma vez eu vi uns ursos em um museu, mas isso é tudo.

E: Mas, baseando-se no que eu disse, de que cor você acha que são os ursos lá?

S: Ou de uma única cor ou de duas cores... pensa por um longo tempo. A julgar pelo lugar, eles deveriam ser brancos. Você disse que há muita neve, mas nós nunca estivemos lá!

(Tentativa de retirar conclusões a partir das palavras do experimentador, mas novamente a referência à falta de experiência pessoal.)

Sujeito: Irgash, trinta anos, antes empregado de fazenda, camponês da vila de Yardan, analfabeto.

O silogismo do algodão é apresentado.

E: O algodão cresce na Inglaterra?

S: Eu não sei se há algodão lá ou não.

E: Mas, a partir das minhas palavras, que você acha?

S: Se é frio, se há neve, então não haverá algodão lá, é claro.

(Inferência tirada a partir das palavras do entrevistador.)

O silogismo do urso branco é apresentado.

E: Que tipo de ursos existem no norte?

S: Você os viu, você sabe. Eu não os vi, então como posso dizer?!

(Recusa em tirar conclusões sem a experiência gráfica.)

E: Mas, baseando-se no que eu disse, que você acha? (O silogismo é repetido.)

S: Mas, eu nunca os vi, então como posso dizer?!

(O mesmo.)

Sujeito: Nazir-Said, vinte e sete anos, camponês da vila de Shakhimardan, analfabeto.

O seguinte silogismo é apresentado: E: Não há camelos na Alemanha. A cidade B. fica na Alemanha. Existem camelos ali ou não?

(O sujeito repete exatamente o silogismo.)

E: Então, há camelos na Alemanha?

S: Eu não sei, eu nunca estive nas vilas alemãs. (Recusa em inferir).

O silogismo é repetido.

S: Provavelmente há camelos lá.

E: Repita o que eu disse.

S: Não há camelos na Alemanha, há camelos em B ou não? Então provavelmente há. Se for uma cidade grande, deve haver camelos lá.

(O silogismo é quebrado, a inferência é tirada independente das suas condições.)

E: Mas o que sugerem as minhas palavras?

S: Que provavelmente há. Uma vez que há grandes cidades, deve haver camelos.

(Novamente uma conclusão independente do silogismo.)

E: Mas se não há nenhum em toda a Alemanha?

S: Se é uma grande cidade, deve haver *kazakhs* ou *kirghiz* lá.

E: Mas eu estou dizendo que não há camelos na Alemanha, e essa cidade fica na Alemanha.

S: Se essa vila fica em uma cidade grande, provavelmente não há espaço para camelos.

(Inferência feita independente do silogismo.)

O silogismo dos ursos brancos e dos casulos e apresentado.

Depois de ser apresentado várias vezes, o silogismo é repetido com precisão.

E: Que você acha, existem lugares onde há tanto ursos brancos quanto casulos?

S: Deve haver. Há grandes vilas no mundo. Em uma fazenda coletiva pode haver ursos brancos e em uma outra pode haver casulos.

(As condições do silogismo são aceitas; tentativa de encontrar uma solução numa situação gráfica imaginária.)

E: E poderia acontecer de um urso branco roubar um casulo?

S: Se alguma coisa tentar machucar o casulo, os camponeses agirão. Mas você estava perguntando se haveria tais lugares. Eu digo que pode ser.

(Inferência independente das condições do silogismo.)

E: Mas os ursos brancos só são encontrados nos países frios, e casulos somente nos países quentes.

S: Bem, vamos dizer que você tenha uma grande cidade com montanhas próximas, como aqui em Shakhimardan. Aqui você pode ter casulos, e nas montanhas pode haver ursos.

(Todo o raciocínio subsequente segue no nível da situação de compromisso imaginada.)

E: Mas escute, casulos não podem viver onde é frio, e ursos brancos não são encontrados onde é quente.

S: Uma vez que você tenha ursos, significa que eles podem roubar os casulos.

(A imagem gráfica do "urso ladrão" predomina.)

Sujeito: Gasur Akbar, vinte e seis anos, viveu dois anos em urna fazenda coletiva, semianalfabeto.

O silogismo do algodão é apresentado.

E: Que você acha, o algodão cresce na Inglaterra?

S: Não, se é tímido e frio, ele não crescerá. O silogismo do urso branco é apresentado.

S: Você disse que lá é frio e neva, portanto os ursos lá são brancos.

O silogismo dos ursos brancos e dos casulos é apresentado.

S: Não, bichos-da-seda vivem na primavera, e quando fica frio eles não vivem. Portanto, não há um país em que haja tanto ursos brancos quanto bichos-da-seda; seria frio e os bichos-da-seda não viveriam ali.

Sujeito: Ishankul, sessenta e três anos, trabalhador de fazenda coletiva, analfabeto, uma das pessoas mais respeitadas no vilarejo.

O silogismo do algodão é apresentado.

E: Então, você acha que o algodão cresce na Inglaterra?

S: Isto depende do clima. Se chove muito e é frio, o algodão se tomará amarelo e não crescerá.

O silogismo dos ursos brancos é apresentado.

E: Que tipo de ursos existem na cidade A no norte? '

S: Se você disse que eles são brancos por causa do frio, eles devem ser brancos lá também. Provavelmente eles são até mais brancos que na Rússia.

Sujeito: Abdull, quarenta e cinco anos, chefe de uma fazenda coletiva, semianalfabeto.

O silogismo do algodão é apresentado.

E: Bem, há algodão na Inglaterra?

S: Nós não sabemos; nós sabemos que ele cresce em nosso país. O algodão cresce no Tadzhikistão, e as pessoas falam e pensam sobre ele.

O silogismo é repetido. E: Então, o algodão cresce na Inglaterra?

S: O algodão não deve crescer lá, o trigo cresce lá. O trigo cresce onde e chuvoso.

O silogismo dos ursos brancos é apresentado. E: Então, que tipo de ursos existem na cidade A, no norte?

S: Se venta bastante e é muito frio, os ursos são de diferentes cores.

E: Mas o que as minhas palavras sugerem?

(O silogismo é repetido.)

S: Pelas suas palavras, eles devem ser brancos.

Para os sujeitos analfabetos, os processos de raciocínio e dedução, associados com a experiência prática imediata, seguem regras bem conhecidas. Esses sujeitos podem fazer julgamentos excelentes sobre fatos que lhes dizem respeito diretamente, podendo chegar a todas as conclusões que eles implicam, não se desviando das "regras" e revelando uma inteligência bastante mundana. O quadro se modifica, contudo, logo que eles tenham de mudar para um sistema de pensamento teórico fazendo, neste caso, inferências silogísticas. Três fatores limitam substancialmente a sua capacidade para o pensamento teórico, lógico-verbal. O primeiro consiste na falta de confiança na premissa inicial que não reproduz a experiência pessoal. Há também a recusa em aceitar e usar a premissa como um ponto de partida para o raciocínio subsequente. Frequentemente os sujeitos ignoravam todas as premissas. Continuando a raciocinar somente a partir da experiência imediata, eles não queriam fazer julgamentos fora dessa experiência, se referindo ao fato de que "eles não haviam estado lá", ou "não haviam visto" as situações em questão, ou apenas podiam dizer "se eles tivessem visto" ou "se eles conhecessem". Eles substituíam o raciocínio verbal-lógico por um processo de recordação de impressões obtidas graficamente.

O segundo fator refere-se a uma não aceitação da universalidade das premissas. De preferência, elas eram tratadas como mensagens particulares que reproduziam algum fenômeno particular. Premissas não universais trazem, naturalmente, somente informação particular e não criam um sistema lógico seguro ou uma base para a inferência lógica. Mesmo quando os sujeitos podiam lembrar a premissa, eles continuavam a fazer adivinhações independentes ou recorriam à experiência pessoal.

O terceiro fator, uma consequência do segundo, envolve a desintegração do silogismo em três proposições independentes, isoladas, particulares, sem nenhuma lógica unitária e, portanto, não constituía um caminho pelo qual o pensamento pudesse fluir dentro desse sistema. Os sujeitos não tinham mais nada a fazer a não ser tentar responder à questão através de adivinhação ou recorrer à experiência concreta, imediata. Ao mesmo tempo em que se recusavam a utilizar o silogismo para a inferência lógica, nossos sujeitos poderiam ainda usar as relações lógicas com bastante objetividade se eles conseguissem se utilizar da sua própria experiência. Eles se recusavam, contudo, a usar as relações lógicas quando as operações discursivas estavam divorciadas da experiência imediata.

Nossas afirmações, no entanto, se referem somente àqueles sujeitos cuja atividade cognitiva foi formada a partir da experiência e não por meio de instrução sistemática ou formas mais complexas de comunicação. Outros sujeitos mostraram um quadro diferente. Eles podiam aceitar as premissas iniciais do silogismo como a base para o raciocínio seguinte e podiam captar a sua universalidade. Os julgamentos inicialmente feitos em um contexto imediatamente familiar eram gradualmente transferidos para áreas independentes, assumindo assim os aspectos comuns da dedução abstrata verbal e lógica.

A formação dos fundamentos do pensamento teórico, como nós observamos, pode ser vista como um dos mais importantes processos na formação histórica da consciência. Os dados sumarizados, apresentados na Tabela 8, evidenciam as diferenças entre os dois grupos de sujeitos no tratamento dos dois tipos de silogismos.

Tabela 8. Realização de Operação de Inferência a partir de Silogismos

Grupo	Solução	Silogismos associados a experiências		Silogismos não associados a experiências	
		Não resolvido	Resolvido	Não resolvido	Resolvido
Camponeses analfabetos de vilarejos isolados (15 sujeitos)	Solução imediata	6 (40%)	9 (60%)	13 (85%)	2 (15%)
	Depois de uma premissa condicional ("das suas palavras eu posso deduzir que...")		6 (40%)	8 (60%)	4 (30%)
Jovens com pouca escolaridade, ativistas de fazendas (15 sujeitos)	Solução imediata	0	15 (100%)	0	15 (100%)

5

RACIOCÍNIO E SOLUÇÃO DE PROBLEMAS

Qual é a estrutura dos processos de raciocínio na etapa do desenvolvimento histórico em que estamos interessados? Como os nossos sujeitos combinam as operações de inferência lógica, inter-relação de premissas e dedução? Qual é a relação entre a experiência prática e o raciocínio verbal-lógico?

Em muitos aspectos, a resolução de problemas é uma capacidade que envolve um modelo de processos intelectuais complexos. Cada problema escolar conhecido se resume a uma estrutura psicológica complexa na qual o objetivo final (formulado como o problema da questão) é determinado por condições específicas. Somente através da análise dessas condições é que o estudante pode estabelecer as relações necessárias entre os componentes da estrutura em questão; ele isola as essenciais e despreza as que não são essenciais. Através do arranjo preliminar das condições do problema, o estudante formula uma estratégia geral para a solução do mesmo; em outras palavras, o estudante cria um esquema geral lógico que determina o rumo para a próxima investigação. Tal esquema, por sua vez, determina a tática de raciocínio e a escolha das operações que podem levar à tomada de decisão. Uma vez feito isto, o estudante passa para o último estágio, juntando os resultados com as condições especificadas. Se os resultados estão de acordo, ele chega à solução; se alguma das condições não foi satisfeita e os resultados não estão de acordo com as condições iniciais, a pesquisa para chegar à solução necessária continua (LURIA; TSVETKOVA, 1966).

Qualquer processo de resolução de problema tem seu ponto de partida na possibilidade de uma solução dentro de um único sistema lógico fechado. Em outras palavras, o sujeito que vai resolver o problema não pode avançar além do sistema de relações lógicas limitado pelos dados formulados nas condições do problema. Ele não pode fornecer nenhum outro argumento adicional, condições acessórias, ou associações colaterais da sua experiência anterior. Assim, seria surpreendente, no mínimo, se o sujeito a quem se tivesse perguntado quanto chá há em duas caixas de certo peso, começasse a discutir tipos diferentes de chá, ou o lugar onde o chá é armazenado, ou se ele se toma mais seco depois de armazenado. Por causa dessa regra básica, o processo de resolução de problema deve ser limitado pelas condições formais, não podendo estar envolvidas considerações adicionais dos sujeitos. Não deveria fazer nenhuma diferença para o sujeito se as condições formuladas no problema correspondem ou não às condições reais.

Os fatos citados nos capítulos anteriores nos indicam que os processos deveriam ser diferentes entre os sujeitos não escolarizados deste estudo. Até o momento ainda não sabíamos até que ponto os sujeitos de nosso grupo básico podiam dominar operações envolvendo o estabelecimento de relações entre os componentes individuais de um problema, ou como eles realizavam os cálculos necessários para obter a solução correta. No entanto, tínhamos todas as razões para supor que as regras básicas para a resolução de problemas (retenção da sua natureza formal, a natureza fechada do sistema lógico, e a independência do conteúdo das suas condições formais) deveriam causar muita dificuldade para os nossos sujeitos, cujo raciocínio lógico tinha sido formado pela experiência prática direta e cujo pensamento teórico era ainda inadequadamente diferenciado do pensamento prático.

Somente através da educação formal e a criação simultânea de atividades "teóricas" especiais a situação poderia mudar e os processos de resolução de problemas se tornariam uma atividade discursiva independente, assumindo formas similares às formas comuns do pensamento verbal, lógico e discursivo que podemos detectar nas crianças em idade escolar.

A primeira questão em que estávamos interessados era em como os processos básicos necessários à resolução de problemas (análise dos requerimentos do problema, geração de hipóteses, determinação das estratégias de solução e comparação dos resultados com as condições iniciais) se manifestam. Em segundo lugar queríamos saber até que ponto os processos de resolução de problemas dependem do conteúdo específico ou, mais precisamente, do grau em que as condições do problema se conformam ou diferem da experiência gráfica prática. As duas descrições seguintes mostram a abordagem básica de nossa análise.

Aos sujeitos era solicitado que resolvessem um problema simples numérico e bastante concreto no seu conteúdo. Exemplos de tais problemas são: São cinco quilômetros de A para B, e três quilômetros de B para C; quantos quilômetros são de A para C? São três horas para se ir de A para B, e duas horas de B para C; quanto tempo demora para se ir de A para C? Uma pessoa demora três horas para andar de A para B, enquanto que uma pessoa em uma bicicleta anda três vezes mais depressa; quanto tempo demora para o ciclista ir de A para B? Esses problemas (nos quais os pontos de partida e de destino recebiam nomes de vilas conhecidas dos sujeitos) não passam de problemas práticos simples e não requerem nenhuma instrução escolar especial.

Será que os sujeitos aceitam as condições do problema e as utilizam como ponto de partida para a sua solução, ou eles recorrem a experiência ou às condições específicas necessárias para a execução de uma tarefa prática particular? Em outras palavras, será que um sistema de operações teóricas estipuladas pelas condições do problema aparece, ou será que essa estrutura é substituída pela atividade prática do sujeito que não tem nada em comum com a análise teórica e a solução do problema em questão? Naturalmente, para responder a essas perguntas não nos limitamos a anotar as respostas dos sujeitos, mas incorporamos suas soluções em uma conversação clínica na qual o entrevistador, através de questionamentos posteriores, podia verificar os aspectos qualitativos dos processos mentais envolvidos. Quando apareciam dificuldades tornávamos o problema mais específico e suas condições mais gráficas.

Conduzimos duas versões do experimento de forma que pudéssemos melhor perceber como o sistema dado pelas condições do problema e o sistema da experiência prática do sujeito estavam envolvidos no processo discursivo. Em uma versão, dávamos aos sujeitos problemas cujo conteúdo correspondia exatamente à sua experiência prática (por exemplo, as distâncias entre os pontos em questão correspondiam às distâncias reais). Esses problemas podiam ser solucionados tanto por operações lógicas formais quanto por recurso à experiência direta. Na segunda versão, o conteúdo contradizia a experiência dos sujeitos (por exemplo, as distâncias entre os pontos eram deliberadamente modificadas). A habilidade de resolver tais problemas indicaria a capacidade de se desvencilhar da experiência imediata, de perceber um problema como um sistema hipotético fechado e de chegar à solução através de um sistema de operações lógicas utilizando uma premissa provisória como ponto de partida, mesmo que essa contradissesse a experiência prática direta.

Para determinar se as dificuldades em resolver o problema estavam associadas ao domínio de estruturas semânticas particulares ou à contagem, fizemos um estudo adicional envolvendo a solução de exemplos simples apresentados à parte das condições do problema (por exemplo: 30/3 = ?).

Tomaram parte dezesseis camponeses analfabetos de regiões longínquas. Como nas séries anteriores, o grupo de comparação consistia em sujeitos que haviam tido pelo menos alguma instrução por um período curto e haviam sido expostos pelo menos a rudimentos de operações teóricas intelectuais.

Raciocínio no processo de resolução de problemas

Primeiramente vamos considerar o processo envolvido na solução de problemas comuns cujas condições eram coerentes com a experiência prática (problemas simples).

Solução de problemas simples

Os sujeitos que viviam em vilas distantes e não haviam sido influenciados pela instrução escolar eram incapazes de resolver mesmo os problemas mais simples. As razões não envolviam dificuldades na contagem direta (os sujeitos as resolviam facilmente, usando procedimentos especiais para tomá-las mais específicas). A dificuldade básica estava em abstrair as condições do problema da experiência prática irrelevante, em raciocinar dentro dos limites de um sistema lógico fechado e em derivar a resposta apropriada de um sistema de raciocínio determinado pela lógica do problema e não da experiência gráfica prática.

Em geral, esses sujeitos se recusavam a realizar as operações lógicas requeridas, referindo-se à sua falta de experiência pessoal e recorrendo a uma adivinhação direta que não provinha das condições do problema. Algumas vezes introduziam considerações práticas adicionais.

Sujeito: Illi-Khodzh, vinte e quatro anos, mulher de um vilarejo isolado, analfabeta.

O seguinte problema foi dado:

E: Gastam-se trinta minutos para andar até a vila X, e um ciclista anda cinco vezes mais rápido em uma bicicleta. Quanto tempo demora o ciclista?

S: Meu irmão, em Dzhizak, tem uma bicicleta, e ele vai muito mais rápido que um cavalo ou uma pessoa.

O problema é repetido.

S: Cinco vezes mais rápido... Se você vai a pé, você chega lá em trinta minutos, mas, se for de bicicleta, você chegará lá muito mais rápido, é claro, provavelmente em um ou dois minutos.

(Todo o raciocínio estava fora das condições do problema.)

O sujeito se recusou a pensar mais sobre o problema; pudemos ver que as dificuldades eram independentes da contagem em si e da habilidade do sujeito em resolver o

186

problema da divisão (30/5), quando ela foi tomada específica, por exemplo, quando solicitamos a ela que dividisse trinta bolinhos entre cinco homens.

Sujeito: Nurmat, trinta e seis anos, mulher da vila de Yardan, quase analfabeta.

O seguinte problema foi apresentado:

E: Gastam-se 20 horas para ir a pé até Dzhizak, ou cinco vezes mais rápido em uma bicicleta. Quanto tempo demoraria um ciclista?

S: Vinte horas a pé para Dzhizak, e cinco vezes mais rápido em uma bicicleta... eu não posso contar tudo isso. Talvez dez horas? Eu sei que de bicicleta é mais rápido do que em carro de boi. Provavelmente demoraria dez horas para chegar lá.

(Falha em começar as operações dentro das condições dadas.)

E: Como você sabe?

S: Eu adivinhei.

Para tornar o problema mais específico, fornecemos ao sujeito vinte botões.

S: Se se gastam vinte horas a pé, você pode não chegar lá em dez horas de bicicleta.

Mexe nos botões, mas não os usa como meios para solucionar o problema.

Provavelmente muito mais rápido... eu não sei, eu nunca andei de bicicleta.

(A assistência oferecida não é utilizada, e o sujeito não consegue ir além da adivinhação.)

187

A guisa de verificação, pediu-se ao sujeito que dividisse trinta rublos entre seis pessoas. Ela fez seis pilhas de quatro botões, depois adicionou um botão a cada pilha e dissesse eu tirasse meio rublo de cada, isto não seria suficiente... Você pode dividir um rublo? Ou você deixa os que sobraram de fora? Uma operação de divisão simples usando assistência externa está dentro das capacidades do sujeito, mas ela tenta mudar as operações práticas costumeiras.

Sujeito: Mukhamed, vinte anos, camponês da vila de Karasu, quase analfabeto.

Foi dado o seguinte problema:

E: Gasta-se trinta minutos para ir a pé até uma certa vila, ou cinco vezes mais rápido em uma bicicleta. Quanto tempo demora um ciclista?

O sujeito responde imediatamente:

S: Um minuto!

(Adivinhação ao invés de procurar uma solução.)

E: Como você sabe?

S: Se ele vai depressa, ele chegará lá em um minuto. Você disse que um homem vai a pé para a sua vila. Quanto tempo ele levaria em uma bicicleta?

(O problema é desdobrado na repetição das suas condições.)

O problema é repetido (o sujeito repete as condições corretamente).

S: Em aproximadamente um minuto, talvez um pouco mais, talvez um pouco menos.

(Novamente a adivinhação.)

188

E: Se um homem a pé leva trinta minutos e o ciclista vai cinco vezes mais rápido, como ele chegará lá em um minuto?

S: Eu próprio não vi como ele vai, mas eu imagino que ele poderá chegar lá em um minuto.

(Novamente adivinhação, com uma mudança arbitrária na condição.)

E: Bem, calcule.

S: Bem, pela minha contagem, deveria ser alguma coisa assim: talvez um minuto, talvez meio minuto.

(Referência à falta de experiência prática.)

Foram fornecidos ao sujeito trinta botões e pediu-se a ele que os utilizasse para resolver o problema. A condição foi repetida.

S: Mas qual vila? Karasu? Não, não se pode imaginar isso. Eu diria aproximadamente: talvez dois minutos, talvez dois minutos e meio, ou talvez um, não há nada a ser calculado aqui.

(Tentativas de tornar as condições mais específicas não levaram aos resultados; a solução discursiva foi novamente substituída por adivinhação.)

Explicou-se ao sujeito que "cinco vezes mais rápido" significa que uma bicicleta poderia fazer a viagem cinco vezes no mesmo tempo que demoraria para um homem a pé fazê-la uma vez.

E: Então, quanto tempo levaria uma viagem?

S: Mas por que ele faria cinco viagens a mais e perderia todo esse tempo?!

(A explicação é entendida em termos de viagens extras.)

E: Mas ainda assim, quanto tempo demoraria para chegar lá?

S: Se você me dissesse quantas *verstas*[7] são para se chegar à vila, eu lhe poderia responder!

(Tentativa de tornar o problema mais específico.)

E: Não, pense sobre o seguinte: O ciclista demora cinco vezes menos.

S: Talvez enquanto aquele que vai a pé estivesse viajando por cinco ou seis minutos, o ciclista cobriria essa distância em um minuto!

(Novamente adivinhação ao invés de uma solução.)

E: Quanto tempo ele levaria para percorrer a distância total?

S: Se um homem a pé viaja por onze ou doze horas, um ciclista percorreria cinco ou seis vezes essa distância no mesmo tempo.

(O mesmo, com novas condições arbitrárias.)

E: Quanto tempo ele levaria para chegar à vila?

S: Eu não consigo contar em horas; eu contaria melhor se fossem dias.

(Apela para mais medidas gráficas.)

E: Bem, então, assuma que levaria trinta dias a pé e será cinco vezes mais rápido em uma bicicleta.

S: Você chegaria lá cinco ou seis dias antes em uma bicicleta. O ciclista chegaria lá quando o homem a pé tivesse andado durante cinco ou seis dias.

(O problema continua não resolvido apesar das condições mais específicas.)

---

(7)   NT: Uma *versta* equivale a 1.607 metros.

E: Por que você acha que seriam cinco ou seis dias ao invés de três ou quatro?

S: Nós *uzbeks* comumente dizemos cinco ou seis, por isso eu disse...

(Este sujeito podia facilmente resolver um problema controle que consistia em dividir trinta rublos entre cinco pessoas, colocando os trinta botões em cinco pilhas.)

Aqui a dificuldade básica é que os sujeitos se recusam a criar sistemas fechados utilizando as condições lógicas dos problemas e exercitar seu raciocínio dentro do esquema dessas condições. Essa dificuldade os força a substituir o raciocínio teórico, requisitado pela adivinhação. Obtivemos dados similares em outros sujeitos nesse grupo.

Sujeito: Rustam, trinta e quatro anos, distribuidor de água na vila de Palman, analfabeto.

A seguinte questão foi dada:

E: Quanto tempo leva para ir de Muyan para Ak-Mazar?

Depois que as respostas "uma hora e trinta minutos" foram dadas, o seguinte problema foi dado:

E: Gastam-se trinta minutos para ir a pé para Ak-Mazar ou seis vezes mais rápido em uma bicicleta. Quanto tempo demoraria um ciclista?

S: Daqui para Ak-Mazar a pé... de bicicleta... provavelmente seis ou sete minutos.

(Falha em resolver o problema)

E: E se você fizesse o cálculo exato?

S: Eu não poderia dizer exatamente, somente aproximadamente; eu nunca fui lá! As pessoas que foram poderiam dizer-lhe... então estou dizendo a você aproximadamente.

(Referências à falta de experiência pessoal.)

E: Mas eu queria que você calculasse exatamente.

A condição do problema é repetida; o sujeito pensa e suspira.

S: Para se ir e voltar a pé ou somente a ida? E as duas vezes de bicicleta ou somente uma?

E: Somente uma.

S: Bem, isto foi o que pensei: um homem foi de bicicleta e um outro foi a pé. O ciclista poderia ir seis vezes, e na última vez ele chegaria junto com o que tinha ido a pé! Provavelmente seriam seis minutos!

(Tenta tomar a solução mais específica, depois usa adivinhação.)

E: Por que você acha que seriam seis minutos?

S: É fácil chegar lá.

(Motivação por condições concretas.)

E: Agora, outro homem foi dez vezes mais rápido. Em quanto tempo ele chegou lá?

S: Se ele foi mais rápido... Provavelmente ele chegou lá em cinco minutos...

(Novamente adivinhação.)

E: Mas calcule mais precisamente!

S: Que há para calcular? Se um outro homem pode ir mais rápido ainda que o primeiro, então ele chegaria lá antes.

(Mudança arbitrária das condições.)

E: Não, este leva exatamente o mesmo tempo. Trinta minutos.

S: Você me deu um problema muito difícil... eu não posso calcular em minutos.

(Fracasso na resolução do problema.)

Um problema controle com unidades concretas conhecidas, chamada *verstas*, foi dado:

E: São dezesseis *verstas* daqui até Namangan, e três vezes menos até Fergana. Quantas *verstas* são até Fergana?

S: Vinte *verstas*... Se é três vezes menos, deve ser vinte!

(O problema concreto é facilmente resolvido.)

Como nos casos precedentes, as operações numéricas com entidades concretas conhecidas são realizadas sem dificuldades; por outro lado, a inclusão de condições que operam com categorias abstratas cria a principal barreira para as operações lógicas. Os sujeitos substituíam as operações dentro de um sistema lógico fechado pelo raciocínio e adivinhação que iam além do esquema do sistema; ou tentavam refinar o conteúdo de forma a tornar sem sentido as operações formais necessárias para resolver os problemas. Observamos coisa semelhante nos seguintes exemplos.

Sujeito: Faizull, trinta e cinco anos, camponês da vila de Palman, analfabeto.

O seguinte problema foi dado:

E: Gastam-se três minutos para andar daqui até aquela árvore, enquanto uma bicicleta vai cinco vezes mais rápido. Quantos minutos demoraria um ciclista para chegar lá?

S: Se ele sabe andar bem de bicicleta, ele chegará lá em dois minutos. Talvez eu não chegasse lá em cinco, mas a bicicleta chegaria em dois minutos.

(Apelo à experiência gráfica e à adivinhação ao invés de uma solução.)

E: Não, você tem calcular exatamente.

S: Um minuto e meio, eu acho.

(O mesmo.)

As condições do problema são repetidas.

S: Eu não sei... é claro, se ele vai de bicicleta, ele chegará lá cinco vezes antes que nós. Provavelmente em dois minutos e meio.

O mesmo.

Um outro problema é dado:

E: Gastam-se três horas para chegar a Fergana de carro de boi ou três vezes mais rápido de trem. Quanto tempo leva o trem para chegar lá?

S: Uma hora.

E: Como você sabe?

S: Uma vez eu fui para Fergana, eu carregava arroz, e eu corri com os cavalos, mas não consegui passar o trem... Alguns deles andam muito depressa.

(Solução por adivinhação e apelo à experiência pessoal.)

E: Sim, mas calcule exatamente.

O problema é repetido.

S: Se você contar pela média, o trem chegará em Fergana três vezes enquanto um carro de boi realiza a viagem uma vez.

(Tentativa de tornar as condições mais específicas.)

E: Quanto tempo o trem levará para chegar lá?

S: Meia hora ou três quartos de hora; uma hora se for um trem de carga.

(Novamente adivinhação e apelo à experiência concreta.)

Nossas transcrições evidenciam claramente que simples operações de contagem usadas nas questões práticas cotidianas não apresentam dificuldades especiais, embora esses cálculos sejam feitos por procedimentos totalmente concretos. As dificuldades que surgiram envolviam sempre o fracasso em encontrar a solução dentro das limitações das condições formais do problema, isto é, uma falha em realizar uma operação discursiva. As condições do problema não formam um sistema lógico fechado dentro do qual os processos de contagem apropriados poderiam ser realizados. Ao invés disso, os sujeitos ou tentam resolver a questão por adivinhação ou apelam para a experiência pessoal concreta, através da substituição da solução lógica discursiva por uma análise das condições específicas da própria experiência prática. Quando o sujeito transfere o problema para um nível concreto diferente, ele elimina as dificuldades e rapidamente resolve o problema.

SOLUÇÃO DE PROBLEMAS HIPOTÉTICOS (CONFLITO)

Quando as condições do problema contradizem a experiência prática real, a solução muito frequentemente excede completamente às capacidades de nosso grupo básico de sujeitos. Ouvindo uma condição que se desvia ou contradiz sua experiência prática real, os sujeitos com frequência se recusam terminantemente a tentar solucionar o problema, declarando que as condições estão erradas, que não é assim", ou que eles não podem resolver tal problema. Mesmo quando perguntávamos como seria resolvê-lo "baseando-se nas palavras do entrevistador" (um procedimento que algumas vezes tinha tido sucesso nos experimentos anteriores) não melhorava a situação, e os sujeitos continuavam a se recusar.

Tal efeito estava particularmente presente entre os sujeitos que tinham tido dificuldades com os problemas cujo conteúdo não contradizia a experiência imediata. Era até mesmo mais pronunciado entre os grupos seguintes de sujeitos, que eram capazes de lidar com problemas simples, mas não com problemas "condicionais".

Sujeito: Khashim, sessenta e sete anos, vigia da cooperativa da vila, analfabeto.

O entrevistador deu o seguinte problema:

E: São vinte *verstas* daqui até Uch-Kurgan, enquanto Shakhimardan fica quatro vezes mais perto.

Na realidade o contrário é verdade. Quantas *verstas* são até Shakhimardan?

S: Quê! Shakhimardan quatro vezes mais perto?! Mas é mais longe.

E: Sim, nós sabemos. Mas eu dei este problema como um exercício.

S: Eu nunca estudei, portanto eu não posso resolver um problema como esse! Eu não o entendo! Dividir por quatro? Não... eu não posso.

(Primeiramente, recusa-se a resolver o problema.)

O problema é repetido.

S: Se você dividir por quatro, seria... cinco *verstas*... se você divide vinte por quatro, você tem cinco!

(O sujeito faz uma contagem e chega à solução correta.)

E: De acordo com o problema, que seria?

S: Então Shakhimardan ficaria mais perto. O mesmo problema é dado com a complicação que as *verstas* (entidades concretas) são convertidas em tempo abstrato:

E: Quanto tempo se necessita, então, para chegar a Shakhimardan?

S: As pessoas que foram daqui para lá dizem que leva um dia de jornada a cavalo ou dois dias a pé.

(Quando as condições são complicadas, o sujeito novamente escorrega para o nível da experiência concreta.)

E: Mas de acordo com o problema?

S: Eu não entendo! Você substituiu um dia de jornada por cinco *verstas*?! Eu não entendo!

(Recusa-se a aceitar a condição como ponto de partida.)

E: Mas como seria de acordo com o problema?

S: Calcule quantas *verstas* um cavalo viaja em um dia; eu nunca estive lá, eu não sei.

E: De acordo com o problema, quanto tempo levaria para chegar a Shakhimardan?

S: Como poderia saber quanto tempo levaria? Se eu tivesse ido, eu poderia saber, mas eu não quero mentir em nenhuma circunstância, você sabe.

(Referência à falta de experiência pessoal.)

E: Bem, de acordo com o problema, quão longe seria de Uch-Kurgan?

S: Vinte *verstas*.

E: Quanto tempo levaria para chegar lá?

S: Não, são seis *verstas* de Uch-Kurgan, mas de acordo com você são vinte... Eu não consigo mais entender você.

Esse problema requer alguém que tenha estudado na escola eu não posso solucioná-lo.

(Recusa-se a raciocinar no nível condicional.)

E: Mas se o problema diz que são vinte *verstas*, quanto tempo levaria para chegar lá?

S: De acordo com o seu problema são vinte *verstas*, mas alguém que já esteve lá diz que são seis! Eu não entendo.

(O mesmo.)

E: O problema não é de verdade. Eu o formulei com o objetivo de conferir a sua aritmética.

S: Bem, quanto tempo levaria um homem para percorrer vinte *verstas*? (Pondera).

(Nova motivação e tentativa de calcular o tempo.)

E: Agora, quanto tempo leva para chegar a Uch-Kurgan?

S: As pessoas que foram dizem que são seis *verstas*.

E: Bem, por exemplo, você poderia preparar um *pilaf*[8] no tempo que leva para um homem chegar lá?

S: Bem, se você estivesse com fome, você o faria na pressa, enquanto que, se você não estivesse com fome, você o prepararia devagar e com cuidado. Se você tivesse quatro homens famintos, um deles cortaria a gordura, outro as cenouras, e tudo ficaria pronto rapidamente!

(Tradução para o nível concreto não fornece um meio para resolver o problema. Condições estranhas tomam impossível chegar a uma medida.)

---

(8) *Pilaf*: prato oriental com arroz, vegetais e came. Bonés são coisas que você usa na cabeça enquanto a camisa não?

E: Mas e. se, como o problema diz, fossem vinte *verstas* até Uch-Kurgan, quanto tempo levaria?

S: Vinte *verstas* por quatro... se você coloca dessa forma... cinco *verstas* em uma hora, portanto vinte *verstas* levaria quatro horas.

(Quando traduzido para um nível numérico concreto, o sujeito realiza as operações numéricas.)

Este resultado é típico. Pode-se fazer com que os sujeitos resolvam o problema desde que eles operem com entidades concretas (*verstas*). Mas quando o problema muda para um nível abstrato (tempo), os sujeitos são incapazes de raciocinar sobre condições divorciadas da experiência prática, escorregam para argumentos baseados na experiência. Somente quando essa experiência é especificamente limitada, é que eles conseguem realizar os cálculos apropriados. As dificuldades envolvidas são ainda mais evidentes no sujeito seguinte.

Sujeito: Khamrak, trinta e seis anos, camponês de um vilarejo isolado, ligeiramente analfabeto.

E: De Shakhimardan a Vuadil gastam-se três horas a pé, enquanto que a Fergana são seis horas. Quanto tempo leva para se ir a pé de Vuadil a Fergana?

S: Não, são seis horas de Vuadil a Fergana. Você está errado... é mais longe e você não chegaria lá em três horas.

(A contagem é realizada imediatamente, mas as condições dos problemas não são aceitas.)

E: Isto não faz diferença; um professor deu este problema como um exercício. Se você fosse um estudante, como você o resolveria?

S: Mas como você viajaria — a pé ou a cavalo?

(Escorrega novamente para o nível da experiência concreta.)

E: Dá no mesmo bem, digamos a pé.

S: Não, então você não chegaria lá! É um longo caminho... se você partisse agora, você chegaria a Vaudil muito, muito tarde da noite.

(A condição que contradiz a experiência não é aceita.)

E: Tudo bem, mas tente resolver o problema. Mesmo que ele esteja errado, tente encontrar a solução.

S: Não, como posso resolver um problema se não é assim?!

(Recusa em resolver um problema condicional.)

As transcrições mostram quão rapidamente os problemas cujas condições correspondem à realidade são resolvidos e quão difíceis é para os sujeitos aceitarem condições que não são verdadeiras na sua própria experiência e realizarem as operações lógico-formais associadas. Vários exemplos mostram quão agudamente a habilidade de resolver os problemas que se conformam com a experiência prática contrasta com a falta de habilidade de resolver os problemas cujas condições contradizem a experiência. Esses dados demonstram convincentemente o grau de dificuldade na tentativa de induzir nossos sujeitos a realizar o raciocínio lógico formal independente do contexto. Aqui temos um exemplo.

Sujeito: Khamid, trinta e sete anos, trabalhador de Urshek (uma fazenda coletiva distante), analfabeto.

Foi dado um problema cujas condições não se conformavam exatamente à realidade:

E: Gastam-se quatro horas a pé até Vuadil e onze horas até Fergana. Quantas horas a mais temos de viajar para chegar a Fergana?

S: Vuadil é metade do caminho até lá. São três horas daqui até Vuadil e mais três de Vuadil até Fergana.

(Muda as condições para tomá-las compatível com é experiência real.)

E: Mas quantas horas a mais, de acordo com o problema? As condições do problema são repetidas.

S: Três horas a mais.

E: Como você sabe?

S: Eu disse a você, Vuadil é metade do caminho, e então a estrada de Vuadil a Shakhimardan é ruim, e depois ela fica boa.

(Justificação da solução através de condições concretas.)

E: E qual era o problema?

O sujeito repete as condições do problema corretamente.

E: Quantas horas a mais até Fergana?

S: Três horas a mais!

E: Como você chegou a essa conclusão?

S: É uma estrada ruim daqui até Vuadil!

(O mesmo.)

E: Mas o que foi dito no problema?

S: Você quer saber quanto tempo demora para chegar a Fergana depois de ter chegado a Vuadil?

As condições do problema são repetidas.

S: Três horas a mais! Veja, são onze horas daqui até Fergana. Mas, se você partir de Fergana, você chegará a Vuadil em quatro horas, e dali você precisará de sete horas, porque a estrada é ruim.

Um problema "condicional" que entra em conflito experiência real é dado:

E: Suponha que você levasse seis horas para ir daqui até Fergana a pé, e uma bicicleta fosse duas vezes mais lenta.

S: Então a bicicleta chegaria lá em três horas!

(Solução no nível correspondente ao da realidade prática.)

E: Não, um professor deu esse problema como um exercício suponha que a bicicleta fosse duas vezes mais lenta.

S: Se o ciclista fizer um bom tempo, ele chegará em Fergana em duas e meia a três horas. De acordo com o seu problema, no entanto, se a bicicleta quebra no caminho, ele chegará mais tarde, é claro. Se houver uma quebra, ele chegará duas ou três horas atrasado.

(Procura por condições sob as quais o problema se conformaria com a realidade.)

As condições do problema são repetidas.

S: (O sujeito pondera.) Provavelmente ele chegaria lá em oito horas... provavelmente se a bicicleta quebrasse, ele se atrasaria duas horas...

(O mesmo.)

E: E se a bicicleta não quebrasse, mas se esta fosse simplesmente a maneira de colocar o problema?

S: Se ela não quebrar, ele fará o trajeto não em seis horas, mas em três.

(Recusa-se a resolver o problema no nível condicional não amparado pelas condições concretas.)

E: Mas como você resolve esse problema? Esqueça que não é verdade. Um professor deu o problema para verificar a habilidade de cálculo de seus alunos.

S: Ele chegaria lá em oito horas... mas provavelmente a bicicleta quebrou. O ciclista também teria de ter parado em Vuadil antes de seguir caminho; se alguma coisa quebrasse, ele também teria parado. Aí está a razão de seu atraso.

(Na operação em nível condicional, a multiplicação foi substituída pela adição; novamente procura uma justificação em termos de circunstâncias concretas.)

Todos esses exemplos indicam a importância do ajustamento à experiência prática concreta. Se as condições do problema se adaptam à realidade, elas são aceitas; caso negativo, até a admissão de tais condições se toma impossível, e os sujeitos continuam a operar em um nível prático concreto, distorcendo o problema para que se conforme às condições reais ou ignorando completamente as condições e trabalhando em um problema concreto, que eles podem resolver em termos da experiência prática, ao invés de em um problema "hipotético". Tudo isso mostra claramente que a operação formal da resolução de problemas representa a principal dificuldade, algumas vezes insuperável, para esses sujeitos. Tudo isso se toma compreensível se recordamos que seus processos de pensamento operam em nível da experiência prática gráfica e funcional.

Como pudemos antecipar a partir dos resultados prévios, os sujeitos com pelo menos alguma instrução escolar de curta duração ou relações sociais mais amplas, expressavam-se diferentemente e começavam a fornecer evidências de uma capacidade de resolver problemas condicionais, envolvendo operações lógico-formais.

Sujeito: Kadyr, estudante de uma escola da vila por vários meses.

E: Gastam-se trinta minutos para ir a pé até Mazar, ou seis vezes mais rápido em uma bicicleta. Quanto tempo demora um ciclista para ir até Mazar?

S: Trinta minutos e seis vezes mais rápido... isto significa um sexto de trinta minutos ou cinco minutos.

Um problema "condicional" é dado: E: Um ciclista leva quarenta minutos para chegar a Mazar, enquanto um homem a pé vai oito vezes mais rápido. Quanto tempo leva o homem a pé para chegar até Mazar?

S: Bem, se você diz que ele vai seis vezes mais rápido, isto significa que o homem a pé levará 240 minutos. As contagens foram substituídas por causa de uma confusão entre as noções de "mais rápido" e "maior".

E: É verdade? O problema é repetido.

S: Então, é ao contrário?! Então o homem a pé leva cinco minutos! Você tem de tirar um oitavo de quarenta.

(A solução é rapidamente atingida.)

Outro problema "hipotético" que entra em conflito com a realidade é dado:

E: Suponha que se levassem três horas para ir a pé até Fergana e doze horas até Vuadil.

Na realidade, o contrário é verdadeiro.

Quão mais rapidamente um homem chegaria em Fergana?

S: Então ele chegaria lá quatro vezes mais cedo.

Este sujeito demonstra claramente a capacidade de realizar operações hipotéticas, teóricas independente de sua experiência prática pessoal. É de considerável interesse notar que essa mudança e a capacidade de realizar operações "teóricas" do pensamento formal, discursivo e lógico aparece depois de relativamente pouco tempo de instrução escolar. A significância da escolaridade está não somente na aquisição de novos conhecimentos, mas também na criação de novos motivos e modos formais de pensamento verbal, discursivo e lógico divorciado da experiência prática imediata. A Tabela 9 a seguir mostra os resultados obtidos nos diferentes grupos de sujeitos.

TABELA 9. DOMÍNIO DO PROCESSO DE RESOLUÇÃO DE PROBLEMAS

Grupo	Solução	Problema simples		Problemas Conflitantes	
		Não resolvido	Resolvido	Não resolvido	Resolvido
Camponeses analfabetos de vilarejos isolados (16 sujeitos)	Imediata	4 (25%)	12 (75%)	13 (81%)	3 (19%)
	Depois que as condições tornaram mais específicas	0	16 (100%)	12 (75%)	4 (25%)
Jovens com alguma educação formal (17 sujeitos)	Imediata	0	7 (100%)	0	7 (100%)

6

IMAGINAÇÃO

Nós citamos uma considerável quantidade de dados mostrando como a experiência prática, direta, domina a consciência de sujeitos não escolarizados e quanto eles preferem relações provenientes da atividade prática a operações lógicas abstratas. Nós deveríamos supor, portanto, que as relações resultantes da experiência prática, direta, determinassem a estrutura de sua imaginação ou fantasia e tornassem a separação da experiência gráfica difícil.

A psicologia moderna distingue certos níveis dentro da imaginação, afirmando que a imaginação "reprodutiva" difere da imaginação criativa. A imaginação pode estar firmemente ligada à experiência prática ou pode ocorrer dentro de um sistema de pensamento lógico-verbal. Essa abordagem nos força a ir além de referências vagas à "fantasia" e tentar ver a imaginação de um modo mais discriminador, distinguindo diferentes níveis de conteúdo semântico e de estrutura dos sistemas psicológicos subjacentes.

A psicologia da criança mudou de uma descrição indiferenciada de fatos a respeito da imaginação para uma análise mais articulada. Os psicólogos começaram supondo que crianças pré-escolares têm uma vida de fantasia vigorosa, ilimitada e terminaram por estabelecer que a imaginação das crianças jovens é confinada aos limites da memória imediata. Ela tem apenas uma natureza "reprodutiva", e a verdadeira imaginação criativa vai aparecer pela primeira vez em um estágio de desenvolvimento posterior.

Além de distinguir a imaginação "reprodutiva" da imaginação "criativa", deveríamos também distinguir os motivos que levam ao seu aparecimento. Os fatos disponíveis indicam que a imaginação começa a mostrar características de uma atividade motivada de forma complexa apenas relativamente tarde no desenvolvimento. Nos primeiros estágios ela continua ligada, por certo tempo, à situação imediata, mantendo assim, como em todos os outros processos mentais, uma natureza "não arbitrária".

Quais são as características psicológicas da imaginação nos diferentes estágios de desenvolvimento social e histórico? Até agora não dispomos de meios confiáveis para fornecer uma resposta completa a esta questão; assim nossos fatos fornecem apenas informações limitadas e parciais.

Nossa tarefa não foi a de estudar as formas de imaginação acessíveis apenas àquelas pessoas altamente capacitadas como contadores de histórias e *akyns* (poetas ou cantores populares), que se especializaram em um tipo particular de imaginação, mas antes, aquelas formas que caracterizam qualquer pessoa comum cuja experiência prática fosse típica de um dado contexto histórico. Na ocasião das nossas investigações, ainda não dispúnhamos de procedimentos que produzissem modelos de atividade imaginativa que pudessem ser analisados objetiva ou completamente. Tais modelos eram muito mais difíceis de desenvolver do que os modelos para os processos de generalização, dedução, ou raciocínio. Consequentemente, portanto, restringimos deliberadamente nossa investigação da fantasia à análise de como os nossos sujeitos formulavam livremente questões que expressavam, até certo ponto, a extensão e a natureza de seus interesses e como eles montavam situações imaginárias com base em certas suposições específicas.

EXPERIMENTOS COM INTERROGATÓRIO LIVRE

Aqui o objetivo foi determinar até que ponto nossos sujeitos poderiam formular questões livres e em que medida essas questões poderiam ir além da experiência prática. Tínhamos toda a razão para supor que esses sujeitos, cuja experiência prática era relativamente restrita, ou seriam incapazes de formular questões complicadas ao acaso ou necessitariam de circunstâncias especiais para fazê-lo. Além disso, poderíamos supor que tanto a capacidade de formular questões quanto o conteúdo das próprias questões variariam de acordo com as mudanças ocorridas na vida social e na experiência prática de nossos sujeitos.

Desenvolvemos uma série adequada de observações, compreendendo bem as limitações de um método excessivamente simplificado e da natureza limitada das conclusões a que poderíamos chegar. O procedimento, de certo modo, representa o reverso de uma abordagem com questionário: os próprios sujeitos eram solicitados a fazer quaisquer três perguntas ao experimentador.

Se o sujeito tinha dificuldade (como frequentemente acontecia), uma situação auxiliar era sugerida: os sujeitos eram solicitados a imaginar que estava vindo para a escola e poderiam perguntar ao professor qualquer coisa que quisessem saber. Algumas vezes, a situação era transferida para uma terceira pessoa imaginária, e os sujeitos eram solicitados a dizer o que seus vizinhos diriam se eles fossem para a escola ou se uma pessoa da cidade estivesse para vir ao vilarejo deles. O investigador descrevia o processo de formulações de questões, assim como o conteúdo das mesmas.

Cinquenta e três sujeitos fizeram parte dessa série de experimentos: eles incluíam camponeses analfabetos de regiões remotas (21); pessoas pouco alfabetizadas que frequentaram cursos de curta duração na escola (10); e pessoas com um ou dois anos de escolaridade e ativistas das fazendas coletivas (22).

Normalmente, os camponeses analfabetos tiveram considerável dificuldade. Cerca de um terço deles se recusou a levantar qualquer questão. Eles afirmaram que não sabiam o que perguntar ou que conheciam apenas o seu trabalho ("para ser capaz de perguntar, você precisa de conhecimento, e eu não o tenho"), e no final da conversa eles pediam ao próprio entrevistador para fornecer perguntas a que pudessem responder. Mesmo quando a tarefa era restrita e lhes era dito que os investigadores eram de Moscou e sugerido que eles perguntassem sobre a vida em outras cidades, diziam que "nunca haviam estado em lugar nenhum" ou "como você poderia perguntar sobre cidades que você nunca havia visto?". Assim, eles demostravam uma capacidade limitada para formular ativamente qualquer questão. Mesmo capazes de responder a questões colocadas pelo investigador (algumas vezes em detalhe considerável), eles próprios eram incapazes de ativamente levantar questões.

Sujeito: Burkhash, kirghiz do vilarejo da região de Uchkurgan, analfabeto.

E: Faça-me três questões quaisquer. Que você gostaria de saber?

S: Eu não sei como conseguir conhecimento... onde eu encontraria as questões? Para fazer questões você precisa conhecimento. Você pode fazer questões quando tem compreensão, mas minha cabeça está vazia.

(Recusa em fazer questões, referência à falta de conhecimento.)

E: Bem, por exemplo, você está bebendo chá você sabe como ele cresce em países quentes?

S: Eu não sei nada sobre chá; eu o pego na cooperativa e bebo.

(O mesmo.)

Tentativas adicionais de obter questões não tiveram sucesso.

Sujeito: Tadzhib, trinta anos, camponês, analfabeto.

E: Faça-me três perguntas. Que interessa a você?

S: Eu não posso imaginar sobre o que perguntar. Eu apenas sei do trabalho pesado, nada mais... Para fazer questões você precisa de conhecimento, e nós só arrancamos mato nos campos... Seria melhor você me perguntar.

(O mesmo.)

Sujeito: lrgash, trinta anos, camponês do vilarejo de Yardan, analfabeto.

E: Faça-me algumas perguntas. Que interessa a você?

S: Eu não sei o que perguntar.

(Recusa em formular perguntas.)

E: Bem, por exemplo, nós viemos de outro lugar, de outras cidades. Pergunte-me sobre as outras cidades. Que interessa a você?

211

S: Eu prefiro o lugar onde vivo, e as outras cidades não me interessam de forma alguma.

E: Você não está interessado no que as pessoas fazem lá?

S: Eu não vi o que as outras pessoas fazem nas outras cidades, então, como posso perguntar?

(Refere-se a falta de experiência, tornando impossível perguntas.)

E: Talvez você esteja interessado nos tipos de animais, ou pessoas, ou construções que eles têm.

S: Mas eu não os vi, então, como eu poderia perguntar?

(O mesmo.)

Seria incorreto concluir, com base nestas transcrições, que estes sujeitos não tinham interesse por coisa alguma. Eles revelaram um interesse ativo por suas experiências pessoais diretas. O importante é que, na situação experimental (independente de quão natural tentássemos tomá-la e de quanto preparássemos as questões incorporando-as em conversas longas e informais), os sujeito mostravam-se incapazes de formular questões independentes, referindo-se à sua "falta de conhecimento necessário" e permanecendo dentro de uma estrutura que reproduzia a sua experiência prática imediata. Tendo em mente todas as condições que devem ser mantidas, nós vemos aqui uma acentuada dificuldade em se libertar da experiência imediata e formular questões que possam ir além dela.

Outros sujeitos com formação semelhante confundiram questões teóricas com solicitações práticas e expressaram as suas necessidades e desejos imediatos ou criaram uma situação imaginária na qual questões de conhecimento eram tomadas justificáveis na prática.

Sujeito: Akmet, quarenta e quatro anos, kirghiz de um campo remoto na montanha, analfabeto.

S: Nós não estamos interessados em nada, nós precisamos apenas ceifar com a foice e cortar a madeira com o machado... Nós pedimos muitos cavalos e terras ao governo... Quando eles vêm e perguntam quantas vacas nós temos, nós respondemos por que nós sabemos...

Quando o outono vem, nós fazemos a colheita, isso nós sabemos.

(Recusa em fazer perguntas e referências à falta de conhecimento.)

Sujeito: Kadyr, sessenta e oito anos, de um remoto campo na montanha, analfabeto.

Após tentativas malsucedidas de obter questões formuladas independentemente, o entrevistador tentou definir mais precisamente as questões esperadas.

E: Que você gostaria de ver — outros países, outras cidades — e o que você gostaria de aprender sobre eles?

S: Provavelmente há cidades interessantes, como você diz, mas eu não sei o que é interessante sobre elas. Eu sei que eu não vou chegar a vê-las... Levaram o meu cavalo, e a estrada é longa; eu não posso nem imaginar como eu poderia chegar lá.

(Substituição por questões práticas.)

E: Mas se você pudesse ver tudo, que você gostaria de descobrir?

S: (Sujeito ri.) Não, eu já estou velho, por que eu deveria aprender? Eu não posso falar a toa, eu não tenho imaginação.

(Recusa em fazer perguntas e referências à falta de imaginação.)

Sujeito: Isamutd, trinta e quatro anos, trabalhador da fazenda coletiva Mikhnat, completou o programa de alfabetização.

E: Quais as três perguntas que você gostaria de fazer?

S: Bem, se uma pessoa vem e pergunta alguma coisa sobre agricultura, ela perguntaria como tornar o trabalho mais fácil... e então ela perguntaria como irrigar... essas seriam as perguntas que ela iria nos fazer.

(Cria condições especiais.)

E: Mas quais as perguntas você mesmo gostaria de me fazer? Que você gostaria de saber, que lhe interessa?

S: Além dessas perguntas, eu estou interessado em como estudar, como progredir.

(Formula, independentemente, uma série de perguntas sobre os planos.)

Sujeito: Akhmetzhan, trinta e um anos, fazendeiro coletivo do vilarejo de Shakhimardan, completou o programa de alfabetização.

E: Faça-me três quaisquer que você queira e eu responderei.

S: A principal coisa em que eu estou interessado é aprender: quando eu me tornar alfabetizado e for capaz de responder bem, eu serei capaz de contar-lhe o que me interessa... A primeira coisa que eu perguntaria é, aqui estou, analfabeto, não sei nem mesmo ler jornais e não posso fazer questões como você me alfabetizaria?

(Cria uma situação imaginária, na qual ele poderia perguntar se ele fosse alfabetizado; confunde perguntas e desejos.)

E: Mas faça-me perguntas de qualquer forma.

S: Bem, você acabou de falar de ursos brancos. Eu não entendo de onde eles veem (medita). E daí, você mencionou a América. Ela é governada por nós ou por alguma outra potência?

(Apenas perguntas referentes a informações recém-obtidas.)

Assim, os camponeses ativamente envolvidos nas fazem das coletivas que tiveram instrução de curta duração foram capazes de formular questões ativamente, mas recorreram ao curioso procedimento de criar uma situação imaginária na qual a formulação de questões parecia natural ou, como o último caso, formularam questões no contexto dos dados que acabavam de lhes ser comunicados.

As capacidades limitadas desses camponeses analfabetos e daqueles que mal sabiam ler e escrever em se libertar da experiência direta criavam grandes barreiras para a formulação ativa de perguntas sobre conhecimento. Os dados obtidos com os sujeitos que haviam sido submetidos a um curto período de instrução sistemática e estavam ativamente envolvidos na vida das fazendas coletivas contrastam com o material acima. Esses sujeitos formulavam questões ativamente; sem hesitação e sem o recurso da situação imaginária como ajuda. Suas questões também diferiam marcadamente, expressando um conteúdo muito mais amplo. Elas eram nitidamente questões de conhecimento, dirigindo-se primordialmente a problemas urgentes da vida social e mostrando-se relacionadas ao conhecimento adquirido ou associadas a interesses cognitivos estáveis. Aqui estão alguns exemplos.

Sujeito: Siddakh, dezenove anos, estudou por dois anos numa escola de adultos, trabalha na fazenda coletiva.

E: Faça-me três perguntas quaisquer.

S: Bem, o que eu poderia fazer para tomar os nossos *kolkhniks* pessoas melhores? Como nós podemos obter plantas maiores, ou plantar algumas que vão crescer como grandes árvores? E então, eu estou interessado em como o mundo existe, de onde as coisas vieram, como os ricos se tornam ricos e por que os pobres são pobres.

(Formula perguntas de conhecimento prontamente.)

Sujeito: Khushv, vinte e sete anos, estudou por dois anos em escola para adultos, trabalha em fazenda coletiva.

E: Faça-me pergunta quaisquer que você queira.

S: Eu nunca estive em nenhum lugar, nem vi nada, então, como eu poderia ter perguntas?

(A princípio, recusa-se a formular perguntas.)

E: Mas mesmo assim, pergunte-me qualquer coisa que você queira.

S: Bem, nós perguntamos ao professor como a seda e o veludo são produzidos... ele não respondeu, mas isso é uma coisa em que nós estamos interessados.

(Reprodução da pergunta feita na escola; depois formulação de perguntas práticas independentemente.)

E: E outra pergunta.

S: Eu não sei... Bem, por exemplo, por que é tão errado abater ovelhas na primavera?

E: E uma terceira.

S: Por que as cooperativas ainda não foram abertas no vilarejo onde elas são muito necessárias?

Sujeito: Aziz, trinta e seis anos, organizador da fazenda Mikhnat, estudou num programa de agronomia por dois meses e meio.

E: Faça-me três perguntas que você gostaria que fossem respondidas.

S: (Sujeito responde imediatamente). Como eu posso tornar a vida melhor? Por que a vida de um trabalhador é melhor do que a de um camponês? Como eu posso adquirir conhecimento mais rapidamente? Também: por que os trabalhadores da cidade são mais especializados do que os camponeses?

(Formula perguntas prontamente.)

Sujeito: Badayab, trinta anos, trabalhador da fazenda Mikhnat, terminou o programa de alfabetização.

E: Faça-me três perguntas que lhe interessem.

S: Nós ouvimos dizer que a indústria tem crescido muito. Por que nós temos algodão suficientemente? Existem fazendas do Estado e *kolkhozes*. Eventualmente os *kalkhozes* tomam-se fazendas do Estado. Por que as fazendas do Estado levam os nossos trabalhadores — vinte pessoas acabaram de ir para elas recentemente? E também: plantaram algodão egípcio no *kalkhoz*, e tiveram uma produção baixa, mas ele cresceu bem conosco. Por que isso acontece?

(Formula prontamente perguntas derivadas da prática da fazenda.)

No próximo grupo, vemos claramente a dificuldade dos sujeitos em formular perguntas de forma independente, juntamente com suas tentativas de evitar a dificuldade através da criação de uma situação imaginária, na qual a formulação poderia tornar-se significativa.

Sujeito: Illi-Khodzh, vinte e dois anos, mulher do vilarejo de Shamardan, um pouco alfabetizada.

E: Faça-me três perguntas quaisquer que você queira.

S: Eu vou dar-lhe uma. Aqui estou eu agora, mas quando eu vou para o vilarejo X, me perguntam: Você estava em Samarkand, como são os ônibus lá? Eles têm mãos e pés? Como eles se movem? Eu não posso explicar apropriadamente, eu estou muito envergonhada... e então... Eu não sei perguntar.

(Cria uma situação especial na qual ela na qual seria inquirida, e reproduz perguntas de interlocutores imaginários.)

Nossos dados confirmam, adequadamente, que a vida mental destes sujeitos muda radicalmente devido a trabalho social coletivo e a, pelo menos, alguma instrução sistemática. A tabela 10 resume os dados dos vários grupos de sujeitos.

Tabela 10. Formulação de Perguntas

Grupo	Recusa em perguntar	Formulação de questões práticas com ajuda de uma situação imaginária	Formulação de questões conhecimento
Camponeses analfabetos de vilarejos remotos (21 sujeitos)	13 (62%)	8 (38%)	0
Camponeses que completaram o programa de alfabetização (10 sujeitos)	0	8 (80%)	2 (20%)
Pessoas jovens com um ou dois anos de escolaridade, ativistas de fazendas (22 sujeitos)	0	2 (9%)	20 (91%)

220

7

AUTOANÁLISE E AUTOCONSCIÊNCIA

Esse capítulo procura determinar quanto os nossos sujeitos eram capazes de lidar com sua própria vida interior de forma geral, de isolar características psicológicas particulares neles mesmos, de analisar seu mundo interior e de avaliar suas qualidades intrínsecas. Deve ser entendido que os dados são de natureza preliminar.

Desde Descartes, os filósofos e psicólogos idealistas têm afirmado que a autoconsciência é uma propriedade fundamental e irredutível da vida mental, sem história própria. A convicção de que a autoconsciência é primária, fundamentou a máxima de Descartes, *cogita ergo sum*, e foi uma fonte da psicologia idealista.

As suposições iniciais dos representantes da filosofia subjetivista podem variar. Os filósofos racionalistas consideram primária e irredutível não apenas a consciência do próprio mundo privado mas também aquelas categorias lógicas nas quais a "experiência imediata" é moldada.

221

Adeptos da fenomenologia veem os "elementos imediatos da consciência" como sensações perceptíveis, considerando incluídos aí não só os elementos irredutíveis da vida interior, mas também "elementos do mundo", entendidos como estados subjetivos de seres conscientes que percebem o mundo. Porém, racionalistas e fenomenologistas compartilham uma suposição básica, a saber, que o mundo subjetivo é primário enquanto a reflexão do mundo exterior é derivada e secundária. Tal convicção incita os adeptos desse ponto de vista a procurar as fontes da consciência e da autoconsciência nas profundezas do espírito humano ou elementos das estruturas cerebrais, negligenciando completamente o ambiente que o cérebro humano reflete (Veja ECCLES, 1970; LURIA, 1967; GURGENIDZE; LURIA, 1972, para discussão dessas questões).

Há muita razão de se pensar que a autoconsciência é um produto do desenvolvimento sócio-histórico e a reflexão da realidade externa natural e social surge primeiro; e apenas mais tarde, através de sua influência mediadora, é que nós encontramos a autoconsciência em suas formas mais complexas. Dessa forma, deveríamos abordar a autoconsciência como um produto da consciência do mundo externo e de outras pessoas e deveríamos procurar suas raízes sociais e suas características nos estágios em que ela é moldada na sociedade.

A noção de que a autoconsciência é um fenômeno secundário e socialmente moldado foi formulada por Marx: "Primeiro o homem olhou a si próprio como se fosse num espelho, só que olhando uma outra pessoa. Apenas ao relacionar-se com Paul como uma pessoa semelhante a ele próprio, é que Peter pôde começar a relacionar-se consigo mesmo como uma pessoa". Apesar do fato de a noção da origem social da autoconsciência ter surgido há mais de um século atrás na filosofia materialista, ainda não houve tentativas adequadas na pesquisa psicológica de mostrar que esta visão é correta ou de acompanhar os estágios específicos através dos quais o fenômeno é socialmente moldado.

EXPERIMENTOS DE AUTOANÁLISE E AUTOAVALIAÇÃO

Nossos meios de estudar objetivamente as formas elementares de estados subjetivos (percepção de si próprio, experiências emocionais) não são confiáveis e não serão consideradas aqui. Como antes, nosso interesse principal se encontra nas atividades mentais superiores e mais complexas, nas quais a influência modeladora da experiência social pode ser particularmente marcada. Nós restringimos deliberadamente nossa esfera de interesse, portanto, e descrevemos como os nossos sujeitos, de uma maneira geral, foram capazes de se relacionar com suas próprias características de personalidade, de delinear seus próprios traços de caráter e de formular, conscientemente, suas peculiaridades psicológicas.

Nossa hipótese inicial era que os processos de percepção das próprias qualidades, a autoanálise e a autoavaliação, são moldados pelas condições de existência social; a formulação das características psicológicas próprias e um processo complexo que se estrutura sob influência direta das mesmas práticas sociais que determinam outros aspectos da vida mental; e os seres humanos primeiro fazem julgamentos sobre os outros, percebendo os julgamentos dos outros sobre si próprios, e então, sob influência desses julgamentos, são capazes de formular julgamentos sobre si próprios. Não há virtualmente nenhuma pesquisa sobre esse tópico. A única exceção vem do campo da psicologia da criança, no qual recentemente tem havido uma discussão calorosa sobre o papel da comunicação entre a criança e aquelas pessoas no seu meio que moldam sua autoanálise.

Alguns estudos soviéticos demonstram que a autoavaliação e a autoanálise se estruturam durante o desenvolvimento pós-natal e nada poderia estar mais longe da verdade do que a noção de que a consciência das próprias qualidades e capacidades mentais é dada desde o início e não sofre desenvolvimento subsequente.

Nosso método de pesquisa foi simples. Ao longo de uma conversa, nós perguntávamos ao sujeito como ele avaliava o seu próprio caráter, de que forma ele diferia de outras pessoas e que traços positivos e dificuldades ele poderia discernir nele mesmo. Então fazíamos questões semelhantes sobre outras pessoas tais como parentes, conhecidos dos *kolkhozes*, ou habitantes do mesmo vilarejo.

Em vista das limitações do procedimento, nós analisamos não tanto o conteúdo específico das respostas ou as qualidades particulares apontadas, mas sim a capacidade de fazer das próprias qualidades mentais um tema de análise e de estar consciente delas. Nós estávamos particularmente atentos a fatos que poderiam indicar que, em certos estágios de desenvolvimento, o processo de escolha de qualidades mentais intrínsecas dava lugar a enumeração de circunstâncias externas, necessidades cotidianas, ações, e assim por diante. Esperávamos ser capazes de comparar os dados obtidos em conversas com sujeitos de diferentes grupos que haviam experimentado diferentes formas de comunicação e diferentes níveis de educação.

Cinquenta e dois sujeitos participaram dessa série, dos quais vinte eram do nosso primeiro grupo (camponeses analfabetos de vilarejos remotos), quinze eram membros ativos das fazendas coletivas com experiência em discussões coletivas sobre assuntos referentes aos *kolkhozes*, e dezessete eram estudantes de escolas técnicas ou pessoas com, pelo menos, um ou dois anos de educação formal. A maior parte do material foi coletado pelo autor, o restante por V. V. Zakharova.

Como nossas observações mostraram, a tarefa de analisar as próprias características psicológicas ou qualidades subjetivas estava além da capacidade e uma proporção considerável dos nossos sujeitos. Em geral, os sujeitos do primeiro grupo fracassaram na tarefa. Eles, normalmente, ou se recusavam a mencionar qualidades positivas e negativas deles próprios ou lidavam com a questão descrevendo aspectos concretos e materiais de Sua vida. Algumas vezes, apontavam ter "maus vizinhos" como uma de suas dificuldades ou, em outras palavras, eles atribuíam a característica indesejável a outra pessoa do seu meio. Frequentemente achavam muito mais fácil caracterizar outras pessoas do que se caracterizar a si próprios.

Indicações de uma autoavaliação em desenvolvimento neste grupo surgem pela primeira vez nas caracterizações que os sujeitos fazem de suas próprias qualidades com base no que as outras pessoas dizem. Os sujeitos declaravam que, "indo pelo que aqueles ao seu redor diziam", eles tinham algumas dificuldades, discutiam com os seus vizinhos, não trabalhavam rápido o suficiente, e assim por diante. Tendiam a trocar a caracterização de qualidades intrínsecas pela descrição de formas concretas do comportamento externo. Particularmente dignos de nota são fatos que indicam o papel decisivo das atividades coletivas no desenvolvimento da autoconsciência; essas atividades tais como planejamento em conjunto, discussão sobre a eficiência do trabalho de brigada, avaliação da eficiência do próprio trabalho, e assim por diante, tornaram-se proeminentes e assumiram a forma de relações deliberadas, planejadas, na realização da mudança para formas coletivas de economia. Moldando a autoconsciência, nós podemos considerar o papel da economia coletiva como o fato fundamental desvendado pela nossa pesquisa.

Em um certo estágio de desenvolvimento social, a análise das próprias peculiaridades individuais frequentemente cedia lugar à analise do comportamento do grupo, e o "eu" individual era frequentemente substituído pelo "nós" coletivo, tomando a forma de uma avaliação do comportamento ou da eficiência do grupo ao qual o sujeito pertencia (brigada, equipe, ou fazenda coletiva como um todo). Frequentemente as próprias qualidades (ou aquelas do grupo) eram avaliadas pela comparação do comportamento individual (ou grupal) com normas ou demandas sociais impostas ao indivíduo ou ao grupo.

Apenas em estágios posteriores — principalmente em pessoas jovens progressivamente envolvidas, de modo ativo, na vida social e com pelo menos alguma educação formal — podíamos discernir um processo de escolha e avaliação das qualidades pessoais. Aqui, também, a análise permaneceu ligada, de muitas formas, à avaliação do sujeito sobre como tais qualidades individuais se relacionavam com as demandas da vida social.

Sujeito: Nurmar, dezoito anos, mulher moradora de um Vilarejo remoto, pouco alfabetizada.

Após uma conversa longa sobre as características das pessoas e suas diferenças individuais, a seguinte questão foi colocada:

E: Quais são as suas próprias dificuldades que você conhece, e o que você gostaria de mudar em você mesma?

S: Tudo está bem comigo. Eu mesma não tenho nenhuma dificuldade, mas se os outros têm, eu as indico... Quanto a mim, eu tenho apenas um vestido e dois mantos, e essas são todas as minhas dificuldades.

("Dificuldades" entendidas como coisas que estão faltando.)

226

S: Eu gostaria de ser boa, mas eu sou má: eu tenho poucas roupas, então eu não posso ir a outros vilarejos dessa forma.

(Fórmula geral interpretada em termos de dificuldades materiais.)

E: E o que "ser boa" significa?

S: Ter mais roupas.

S: Ela ainda é jovem, ela é pequena e não pode falar bem... mas como eu poderia saber, se eu estou aqui e ela em outro vilarejo... Meu irmão, ele aprendeu bem, não há nada que ele precise mudar.

(Recusa em discutir as características da irmã se ela não está aqui.)

Sujeito: Murza Shiral, cinquenta e cinco, camponês do vilarejo de Yardan, analfabeto.

E: Você acha que as pessoas são todas iguais ou diferentes?

S: Não, elas não são iguais. Existem pessoas diferentes (levanta os dedos) aqui está um proprietário de terra, aqui está um trabalhador rural.

E: Você sabe quais são as diferenças entre os indivíduos, vamos dizer, entre os seus conhecidos?

S: Apenas eles próprios sabem.

E: Bem, como você é? Descreva o seu caráter.

S: Meu caráter é muito bom. Mesmo se é uma pessoa mais jovem que está diante de mim, eu uso a forma educada de me dirigir a ela e falo cortesmente... Você tem de entender tudo, e eu não.

227

(Descrição do seu próprio comportamento.)

E: Mesmo assim, você tem alguma dificuldade?

S: Eu tenho muitas dificuldades: comida, roupa, tudo.

E: Bem, existem outras pessoas aqui no vilarejo; você é igual a elas ou não?

S: Elas têm seus próprios corações e diferentes conversas, e elas falam palavras diferentes.

E: Bem, compare você a elas, e descreva o seu caráter.

S: Eu sou uma pessoa de boa índole, eu converso com as pessoas grandes como uma pessoa grande, com pessoas pequenas como uma pessoa pequena e com pessoas de tamanho médio como uma pessoa de tamanho médio... Isso é tudo o que eu posso dizer, não há mais que reste.

(O mesmo.)

Sujeito: Karambai Khamb, trinta e seis anos, camponês do vilarejo de Yardan, analfabeto.

E: Bem, agora, veja você, Karambai, e o seu convidado aqui, Ismat. Que diferenças existem entre vocês?

S: Não há diferença nenhuma. Uma vez que existe uma alma, isso significa que nós somos iguais.

E: Quais dificuldades e boas qualidades você têm? Como é o seu caráter? Você sabe o que é caráter?

S: Sim!

E: As pessoas podem ser boas ou más, exaltadas ou calmas. Que tipo de pessoa você é?

S: O que eu posso dizer sobre o meu próprio coração?

E: Mas quem pode falar sobre o seu coração a não ser você mesmo?

S: Como eu posso falar sobre o meu caráter? Pergunte aos outros; eles podem falar a você sobre mim. Eu próprio não posso dizer nada.

(Referência ao fato de que os outros podem julgar o caráter de um homem.)

E: Que você gostaria de mudar ou melhorar em você mesmo?

S: Eu era um trabalhador rural; eu tenho uma vida difícil e muitas dívidas, com uma medida de trigo custando dezoito rublos isso é o que me perturba.

E: Bern, as pessoas são diferentes e têm diferentes caracteres; como você é?

S: Se eu tenho muito dinheiro, eu compro coisas e então fico feliz; se eu não tenho coisas, fico triste.

(Infere a sua própria situação a partir das circunstâncias.)

E: Bem, você tem amigos em Yardan. Descreva o caráter deles.

S: Há o Akram e há o Ismar. Eles são diferentes, claro. Como eu posso conhecer o coração dos outros?) Um não fala com o outro... Eles são ambos de boa índole... mas Akrarn fica bravo rápido e Ismat não.

(Avaliação dos outros muito mais completa.)

Sujeito: Tyurakil, trinta e oito anos, kirghiz das pastagens da montanha, analfabeto.

E: Que tipo de pessoa é você, como é o seu caráter, quais são as suas qualidades e dificuldades? Como você descreveria a si próprio?

S: Eu cheguei aqui vindo de Uch-Kurgan, eu era muito pobre, e agora eu estou casado e tenho filhos.

(Questão entendida em termos de condições externas da vida.)

E: Você está satisfeito consigo mesmo ou gostaria de ser diferente?

S: Seria bom se eu tivesse um pouco mais de terra e eu pudesse plantar mais trigo.

E: E quais são as suas dificuldades?

S: Esse ano eu plantei um "poos" (?) (tipo de medida russa) de trigo... Nós já colhemos o feno e vamos colher o trigo, e nós estamos compensando aos poucos as nossas dificuldades.

(Novamente, tudo se refere às condições externas de vida.)

E: Bem, as pessoas são diferentes — calmas, exaltadas, ou às vezes sua memória é fraca. Que você acha sobre você mesmo?

S: Nós nos comportamos bem — se nós fôssemos pessoas ruins, ninguém iria respeitar-nos.

(Autoavaliação em termos de comportamento social.)

Sujeito: Dusmat, trinta anos, anteriormente um trabalhador rural de um remoto vilarejo, agora trabalha em uma pedreira, analfabeto.

E: Que boas qualidades e dificuldades você vê em si próprio? Você está satisfeito consigo mesmo ou não?

S: Não, eu não estou satisfeito... Veja você, eu trabalho aqui e posso ser capaz de descansar aqui após oito horas de trabalho, mas como está, eu tenho de viajar três ou quatro *verstas*.

(Dificuldades relacionadas à situação.)

E: Conte-me tudo sore a sua situação geral. Que dificuldades você tem?

S: Sim... bem, por exemplo, minha roupa é pobre... afinal, eu já não sou mais jovem.

(O mesmo.)

E: Eu entendo. Mas, na sua opinião, você está satisfeito ou não?

S: Não, eu não tenho dificuldades, exceto quanto à aprendizagem. Eu não tenho tempo livre porque não há ninguém mais para trabalhar... e então, esses recém-chegados não sabem como lidar com o trabalho; nós temos de ensiná-los.

(O mesmo.)

Em todos esses casos, as questões que solicitavam uma análise das qualidades pessoais ou não foram compreendidas de forma alguma ou estavam relacionadas a circunstâncias materiais externas ou situações cotidianas, tentativas de explicar que as questões se referiam a características pessoais e as dificuldades deveriam ser entendidas não como dificuldades materiais mas como qualidades intrínsecas não foram bem-sucedidas. As conversas continuaram a girar em tomo das necessidades materiais dos sujeitos ou de circunstâncias pessoais. Apenas muito raramente encontramos avaliações provenientes de outras fontes.

O próximo grupo de sujeitos, intermediários, normalmente caracterizava os outros muito mais completamente. Eles se assemelhavam ao grupo recém-descrito mas, além das avaliações das qualidades manifestas no seu comportamento externo, os indivíduos mostraram uma tendência mais pronunciada em analisar suas próprias características de acordo com a avaliação dos outros e uma tentativa de avaliar suas próprias características em relação a normas características de um "eu ideal". Normalmente, esse tipo de autoavaliação era particularmente pronunciado em sujeitos que se envolviam na vida coletiva, participavam de reuniões no *kolkhoz* e cujo comportamento era avaliado por outros. O papel da avaliação social, sob influência da qual a autoavaliação se estrutura, vem a ser mais e mais predominante.

Sujeito: Illi-Khodzh, vinte e dois anos, moradora de vilarejo, havia deixado de usar o véu havia um mês, semianalfabeta, frequentando cursos de alfabetização.

E: Quais são as suas boas e más qualidades?

S: Uma coisa boa é que eu me soltei e deixei de usar o véu, enquanto que antes, eu costumava usá-lo; eu não sabia nada e agora estou estudando.

E: Bem, com o que você está descontente em você mesma agora? Você tem alguma dificuldade de memória ou de raciocínio.

S: Eu estou muito satisfeito comigo mesma, a não ser pelo fato que eu tenho dor de cabeça e transpiro, por isso me sinto mal na classe; me levaram ao médico, mas o remédio não ajudou. Em geral, tudo está bem comigo, mas na última aula eu não consegui entender os problemas de multiplicação.

(Aponta dificuldades externas e dificuldades de aprendizado.)

E: Que dificuldades a irmã do seu marido tem?

S: Ela acabou de morrer, eu não posso dizer nada sobre ela; há um tempo atrás ela não me devolveu dois cobertores meus, e eu não disse nada.

(Fala sobre ações concretas.)

Sujeito: Babyakhok, trinta anos, camponês, analfabeto.

E: Diga-me, que características boas e ruins você vê em si próprio?

S: Eu tenho uma grande dificuldade: eu tomei emprestados 125 rublos e não posso devolvê-los.

(Refere-se a carências materiais.)

E: É possível que você não tenha nenhuma dificuldade, que você não queira mudar nada em si próprio para melhor?

S: Eu sou uma boa pessoa, todo mundo me conhece, eu não sou rude com ninguém e eu sempre dou uma mão. Eu me sinto bem comigo, não há nada a mudar.

E: Você está satisfeito com a sua memória e raciocínio?

S: Se alguém diz algo ruim sobre mim, ou fala mal de mim, eu nunca esqueço aquela palavra até eu dar uma surra na pessoa, então eu penso que eu tenho uma boa memória. Sem dúvida, eu não posso ler nem escrever, e isso é uma dificuldade, claro. Se eu planejo algo, eu sempre chego ao fim: o que eu me comprometo a fazer, eu sempre faço.

(Avalia as suas próprias características de acordo com um contexto específico.)

E: Descreva-me os seus companheiros e conte-me que tipo de pessoas eles são.

S: Há um companheiro que cresceu sob o mesmo teto que eu; ele me deu cinquenta rublos quando eu estava doente, então acho que ele é um bom sujeito e não vejo nenhuma qualidade ruim nele. Normalmente, eu não converso com pessoas ruins nem faço amizade com elas; causou um bom amigo e tenho bons amigos. Eu não falo com pessoas que jogam cartas por dinheiro.

(Avalia as características dos companheiros de acordo com um contexto específico.)

E: Se alguém estivesse para ser eleito em uma reunião, que pessoa você elegeria?

S: Se a minha opinião fosse levada em consideração, eu escolheria alguém que conhecesse o trabalho, que tivesse trabalhado e fosse pobre.

Sujeito: Uzbaev, quarenta anos, camponês de Uch--Kurgan, analfabeto.

E: Diga-me as características boas e as dificuldades do seu caráter.

S: Eu não tenho trigo suficiente.

E: Não, conte-me sobre as suas próprias características, seu caráter, suas opiniões.

S: Uma boa característica é que eu não converso com qualquer um com quem me deparo; primeiro eu penso como eu poderia beneficiar-me, eu começo a conversar; se eu vejo que pode haver prejuízo, então não converso; e esta é uma boa característica. Se eu estou sentado no quintal e as crianças quebram alguma coisa, eu rio e não fico zangado. Outra coisa boa é que eu nunca discuto com minha família ou com outras pessoas. Se alguém se comporta mal, eu não me torno agressivo, eu me comporto como se nada tivesse acontecido. A outra pessoa entende e fica envergonhada. Essas são as minhas características ruins: se você me diz duas a três palavras falsas por dia, serão vinte a vinte e cinco palavras. Assim em uma semana suas palavras nunca serão completamente verdadeiras. Nossa vida sempre envolve algumas palavras falsas. Por exemplo, eu prometi a minha esposa que eu iria comprar um vestido para ela no bazar, mas de fato eu não o fiz. Isto não é bom.

(Análise detalhada do próprio comportamento e das características.)

Sujeito: Yusup, sessenta e quatro anos, ativista da fazenda Yangi-Yull, analfabeto.

E: Que boas qualidades e que dificuldades você pode mencionar sobre si mesmo?

S: Eu nunca estou triste... o que eu deveria dizer-lhe — dificuldades internas ou externas?

(Distinção entre dificuldades internas e externas.)

E: Sobre as internas, claro.

S: Eu sinto que sou uma boa pessoa; eu tive três esposas. Uma delas ficou velha e me trouxe uma mais jovem. Essa jovem me deixou quando eu parti. Ela me pediu divórcio, mas eu não lhe dei. Eu dei o divórcio quando voltei, e acho que isto é uma. boa qualidade... Minha dificuldade é que não tenho lugar para viver. Minha velha esposa foi embora e trancou tudo. Isto é uma dificuldade dela; elas me trataram mal!

(Aborda a autoavaliação através de uma descrição do comportamento na situação concreta. Retorna para necessidades externas.)

E: Que você acha que é necessário mudar ou melhorar em você?

S: Eu gostaria de me educar da maneira moderna, assim as coisas seriam mais fáceis e eu viveria do modo que as pessoas vivem hoje em dia. Eu não sei o que gostaria de mudar em mim. Se estou trabalhando, que quero que o trabalho vá bem.

E: Conte-me sobre os seus amigos e seus bons e maus aspectos.

S: Meus amigos são bons em todos os aspectos. Eu não conheço nenhum aspecto ruim; eu não tenho maus companheiros. Eu geral, eu não falo com pessoas ruins, mas lido apenas com as boas. Se alguém me ajuda, eu o ajudo. Todos os meus amigos são *kolkkhozniks*, eles trabalham no *kolkhoz*. Isto é bom. Talvez eles tenham dificuldades, mas isto não aparece no trabalho na fazenda.

E: Se você tivesse de eleger alguém em uma reunião, quem você escolheria?

S: Eu escolheria alguém que trabalhasse bem e não prejudicasse os outros, mas defendesse seus interesses.

Sujeito: Khodzhyar, vinte e um anos, trabalhador da fazenda Bratrak, passou um ano na escola.

E: Se lhe pedisse para escrever as características boas e as dificuldades do seu caráter, como você o faria?

S: Eu não sei o que é bom ou ruim sobre mim... Uma boa qualidade é que eu terminei a escola e estou trabalhando. Uma característica ruim é que eu ainda não estou trabalhando o suficiente e não sou alfabetizado o suficiente. Isto é uma dificuldade, mas eu não tenho outras.

(Descrição de qualidades restrita ao trabalho e à educação, não retoma à avaliação de carências materiais externas.)

E: Que dificuldades sua esposa vê em você?

S: Eu acabei de me casar, a minha esposa ainda não vê nenhuma dificuldade.

E: Que dificuldade os seus companheiros veem?

S: Meus companheiros ficam bravos comigo quando eu faço alguma coisa errada na fazenda. Eles dizem: "Você é jovem, você precisa aprender".

(Avaliação de qualidade em termos de avaliação de comportamento.)

E: Descreva-me os seus companheiros e conte-me quais são as qualidades boas e ruins deles.

S: Bem, veja Kazynbaev, nós todos mencionamos as suas dificuldades nas reuniões. Uma boa qualidade dele é que ele se tornou um policial, mas uma dificuldade é que ele deixou um homem mau escapar.

As transcrições desse grupo intermediário de sujeitos mostram características semelhantes ao primeiro grupo, mas também algumas novas. Frequentemente os sujeitos continuavam a mencionar desvantagens materiais externas, ao invés de propriedades psicológicas intrínsecas ou, ao começar a descrever tais propriedades, eles rapidamente retornavam à descrição de características externas. A descrição do comportamento ou de sua situação de vida continua a ser predominante.

Todavia, esses sujeitos estão começando a escolher, consistentemente, características de seu comportamento e propriedades psicológicas (as quais eles também abordam através de atos comportamentais concretos e situações de vida) e estão parando de tomar o termo "dificuldades" como desvantagem material externa. Uma característica é que as avaliações de propriedades internas começam a envolver tanto avaliações do comportamento de outros quanto avaliações do próprio comportamento, que os sujeitos recebem ao longo da vida social através da participação no trabalho agrícola coletivo, no planejamento do trabalho e na avaliação coletiva de sucessos e fracassos. Esse papel modelador do envolvimento em empreendimentos comuns e das avaliações provenientes da vida coletiva significa que os sujeitos começam a articular noções de normas comportamentais com as quais comparam o seu próprio comportamento. Eles começam a formar uma imagem do "eu ideal", a qual começa a desempenhar um papel decisivo no desenvolvimento posterior de sua consciência.

Todos esses aspectos estão particularmente proeminentes no último grupo de sujeitos, que consistia principalmente em ativistas do *kolkhoz* e nos jovens que haviam tido alguma educação formal e estavam ativamente envolvidos na vida social coletiva. Envolvimentos constantes no planejamento econômico e avaliação dos problemas de trabalho e vantagens e desvantagens criam condições para mudanças fundamentais na análise das próprias qualidades intrínsecas.

Começamos com as transcrições em que as descrições das próprias características psicológicas ainda são frequentemente substituídas por descrições do trabalho social, expressando claramente a ideologia em transformação, sob cuja influência as suas personalidades são moldados. Depois consideramos alguns dos exemplos mais conspícuos da reestruturação interna na consciência de nossos sujeitos.

Sujeito: Lukman, vinte e cinco anos, ativista da fazenda coletiva do vilarejo de Uch-Kurgan.

E: Como você descreveria seu caráter? Tente me contar as boas características e as dificuldades.

S: Eu tenho meu lado bom e as minhas dificuldades. Eu não gosto de lidar com *mullabs, ishans* (clérigo) ou *bais*, eu prefiro tratar com as pessoas mais pobres ou crianças pequenas, mesmo se eles estão mal vestidos. Eu tive a minha quota de dificuldades na vida; meu pai era um trabalhador rural. Embora eu não tenha tido contato com proprietários de terra, eu não gosto deles. Seu eu tiver de lidar com proprietários de terra ou com *mullabs*, eu não recusarei só para poder tirar deles o que eu precisar ou achar útil. Meu lado bom é que eu não gosto de pessoas que mentem. Se alguém que mente para mim é um trabalhador, eu explico a ele que ele não pode fazê-lo. Se ele não é um trabalhador, eu me recuso a falar com ele e vou embora. Eu tenho estado envolvido no trabalho socializado e tenho levado muitos companheiros para as fazendas coletivas.

(Descrição da sua própria vida social e trabalho.)

E: Você me contou sobre o seu trabalho social. Agora conte-me as qualidades que você próprio tem, como é o seu caráter e que tipo de pessoa você é.

S: Meus bons aspectos são que eu sempre tento adquirir conhecimento. Eu tento descobrir tudo, e os meus companheiros me perguntam coisas. Eu não quero obter nenhuma vantagem para mim mesmo; eu faço tudo para os outros.

(Normas de comportamento social.)

E: E quais são as suas características negativas?

S: Se alguém tenta me prejudicar, eu não quero vê-lo mais, eu não quero aceitar trabalho com ele novamente... eu não consigo me entusiasmar o suficiente, e quando sou solicitado a fazer algo e não dá certo, eu não prossigo: não me sinto com disposição de fazê-lo. Por que é assim? Eu levantei muitas cestas cheias de biscoitos; talvez meu cérebro tenha se danificado por causa disso, ou isto vem da falta de conhecimento?

(Vai das próprias dificuldades para as de outras pessoas: tenta formular as próprias dificuldades.)

E: Você pode me contar sobre as suas qualidades pessoais, sua memória, caráter, vontade, capacidade de compreensão rápida?

S: Se alguém entra em uma discussão e se queixa, eu fico dos dois lados, primeiro eu aprendo tudo em detalhe, estabeleço uma comissão; eu não tiro conclusões precipitadas. Esse é o lado positivo das minhas ações.

(Avaliação das próprias qualidades substituída por descrição do comportamento social.)

E: Agora descreva os seus companheiros, o caráter deles, as suas boas qualidades e dificuldades.

S: Bem, veja Sattarov. As suas características ruins são que ele gosta de dinheiro. Se ele é enviado para algum lugar, ao invés de fazer o que precisa ser feito, ele se mete em uma briga e segue-se um grande tumulto. E então, ele escuta conversas e as passa adiante... Ele não faz distinção entre amigos e inimigos, mas conta tudo indiscriminadamente.

(Avaliação de propriedades psicológicas substituídas por avaliação de qualidades sociais.)

E: Ele tem boas qualidades?

S: Eu moro aqui há um longo tempo, mas eu ainda não as vi. Há apenas uma coisa. Se ele é requisitado a fazer alguma coisa, ele não recusa e está sempre envolvido em tarefas. E então, há Khachkulov.... Primeiro o lado bom: ele é muito bom no cumprimento das obrigações e é melhor do que os outros no trabalho pesado. Se uma reunião é organizada, ele não a recusa; ele muda de roupa e participa. Sua atitude em relação aos outros é muito boa; ele nunca é rude. Se há dificuldades no seu trabalho e elas são mencionadas a ele, ele não fica zangado, mas tenta superá-las. Suas más qualidades são que, se uma reunião julga o seu trabalho e decide transferido, ele não admite o que fez e se comporta como um inocente, e daí conversa com cada um separadamente e tenta persuadi-los a não eliminá-lo, que ele é uma boa pessoa. Ele tem muito orgulho. Ele é um pouco covarde.

Aqui, a autoanálise envolve avaliações externas do trabalho social da própria pessoa. A mesma análise é verdadeira para as características psicológicas de outras pessoas.. Entretanto, a gama de qualidades e situações envolvidas aqui na tentativa de avaliar as qualidades humanas positivas e negativas difere radicalmente daquelas referências a carências materiais e necessidades pessoais que faziam parte do conteúdo da "autoavaliações" dos sujeitos do primeiro grupo. De fato, observações posteriores mostraram que esta não é a única forma de lidar com a tarefa em questão. Há também uma análise mais refinada das formas de comportamento, levando gradualmente à análise de propriedades internas das personalidades.

Sujeito: Khaidar, vinte e cinco anos, trabalhador coletivo, semianalfabeto.

E: Que mudou em você ultimamente?

S: Antes, eu era um trabalhador rural, eu trabalhava para um patrão e não ousava responder a ele; ele fazia comigo o que queria. Agora eu conheço quais são os meus direitos.

E: Que dificuldades você tinha antes e quais você tem agora?

S: Antes eu não sabia nada sobre liberdade e agora eu sei. Antes eu trabalhava muito para os outros e não podia conseguir uma libra de pão para a minha família, mas na fazenda eu estou vivendo melhor. Eu tenho coisas para dar aos outros e até me casei este ano.

E: Mas que mudanças ocorreram em você mesmo?

S: Em mim? Antes eu não podia lidar com nada e agora eu estou conseguindo fazer alguma coisa, como você pode ver.

E: Que méritos e que dificuldades um homem tem?

S: O mérito de um homem está em como ele lida com os outros. É uma dificuldade se ele não estudou; se ele estuda, ele se tornará uma boa pessoa. Se ele estuda, ele não irá mais tratar os outros mal.

E: Mas existem pessoas boas e ruins? O que isto significa?

S: Bem, se eu tivesse estudado mais cedo e fosse alfabetizado, eu não teria tido tanta dificuldade; eu teria conhecido a mim mesmo e aos meus direitos e teria sido capaz de proteger-me. Se alguém chega até minha irmã e a insulta, eu respondo. Se ele for alfabetizado, ele não irá fazê-lo. Mas se o fizer, eu não me comporto como um maricas, eu também começarei a insultá-lo, e esta é minha dificuldade.

E: Que tipo de qualidade você acha que um homem inteligente tem?

S: Se um homem estudou desde a infância e aprende a escrever, nós dizemos que ele se tornou um homem inteligente. Mas, se ele não aprende, mas apenas anda no seu burro e canta canções e não sabe nada de onde vêm as pessoas, nós dizemos que ele é um tolo.

E: Um homem inteligente e um homem tolo têm o mesmo espírito?

S: Não, é diferente, é claro. Existem diferentes pessoas, como você e eu nosso espírito é diferente.

E: De que modo ele é diferente?

S: Você tem seus prazeres, você estuda, você trabalha, e eu me divirto do meu jeito; assim, nosso espírito é diferente.

E: E o seu espírito mudou como resultado da fazenda coletiva?

S: Claro que sim... eu melhorei o meu trabalho, eu estou seguindo um caminho diferente. Eu costumava trabalhar para proprietários de terra e vivia mal, mas agora eu estou prosperando na fazenda.

E: Que qualidades o seu espírito tem? A memória, por exemplo, é uma qualidade do seu espírito?

S: Sim, sem memória não há trabalho, a memória mostra o que precisa ser feito, assim as pessoas lembram e trabalham. O espírito controla este trabalho. Se você deixá--lo só para o espírito, ele não fará nada sozinho.

E: E que outras qualidades humanas importantes existem?

S: Há a natureza do homem (*tabiet*). Se sua natureza quer fazer algo, você sabe; se for contra a natureza dele, um homem, não pode fazer nada... As pessoas também têm imaginação (*khaiol*), inteligência (*akyl*), pensamento (*fikir*), e espírito (*rokhe*) todos estes se combinam, e o resultado é o trabalho. Se um homem não pode usar a sua imaginação, sua atenção (*khysh*) não está orientada para o seu trabalho e ele não pode fazê-lo.

Nós apresentamos esse longo trecho para mostrar quão refinadas e complexas podem ser as noções das propriedades mentais e que conjunto de conceitos nós podemos encontrar se pedirmos aos nossos sujeitos para avaliar sua propriedades internas e as dos outros.

Sujeito: Tekan, trinta e seis anos, ativista da fazenda coletiva.

E: Que aspectos positivos e que dificuldades você conhece em você mesmo?

S: Eu não sou nem bom nem mau... Eu sou uma pessoa normal, embora eu seja fraco em alfabetização e não consiga escrever de forma alguma; e então eu fico muito mal e zangado, mas, mesmo assim, eu não bato na minha mulher. Isso é tudo o que eu posso dizer sobre mim... Eu esqueço muito rápido; eu saio de um lugar e esqueço. Eu também não entendo muito bem; ontem me deram uma longa explicação, e eu ainda não entendi nada. Se eu fosse instruído eu faria tudo bem. Eu tenho de mudar a minha dificuldade em educação. Eu não quero mudar nada no meu caráter; se eu estudar, ele mudará por si próprio.

(Distingue prontamente características psicológicas.)

Basta comparar estas transcrições com as recusas em distinguir propriedades psicológicas com as quais começamos nossas descrições, para discernir o notável processo de modelação da consciência individual que ocorreu num período histórico relativamente curto.

É particularmente importante o fato de que esse processo não se esgota numa mera mudança de conteúdo da consciência e uma abertura de novas esferas da vida para a análise consciente (esferas da experiência social e das relações consigo mesmo, enquanto participante da vida social). Nós estamos lidando com mudanças muito mais fundamentais a formação de novos sistemas psicológicos, capazes de refletir não apenas a realidade externa, mas também o mundo das relações sociais e, basicamente, o mundo interior da própria pessoa enquanto moldado em relação a outras pessoas. A formação de um novo mundo interior pode ser considerada uma das conquistas fundamentais do período tratado.

Concluindo, apresentamos a tabela 11, onde a relação entre as mudanças que descrevemos e as mudanças sociais profundas que pudemos observar são particularmente proeminentes.

TABELA 11. AVALIAÇÃO DAS PRÓPRIAS CARACTERÍSTICAS PSICOLÓGICAS

Grupo	Recusa em analisar, referência a condições e situações materiais	Grupo de transição	Análise de características psicológicas
Camponeses analfabetos de povoados remotos (20 sujeitos)	13(65%)	6 (30%)	1 (5%)
Trabalhadores de fazendas coletivas que completaram o programa de curta duração (15 sujeitos)	0	13 (86%)	2 (14%)
Jovens com educação formal de curta duração, ativistas das fazendas (17 sujeitos)	0	6 (35%)	11 (65%)

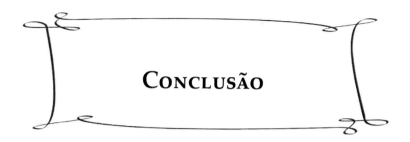

Conclusão

Analisamos alguns dados que demonstram alterações dos processos mentais associados com a atividade cognitiva em diferentes etapas de desenvolvimento sócio-histórico, bem como as mudanças principais desses processos sob o impacto de uma revolução social e cultural. Os dados que obtivemos, que constituem fração de um empreendimento maior, permitem algumas conclusões relevantes e de grande importância para a compreensão da natureza e da estrutura dos processos cognitivos humanos. Os fatos demonstram de maneira convincente que a estrutura da atividade cognitiva não permanece estática ao longo das diversas etapas do desenvolvimento histórico e as formas mais importantes de processos cognitivos — percepção, generalização, dedução, raciocínio, imaginação e autoanálise da vida interior — variam quando as condições da vida social mudam e quando rudimentos de conhecimento são adquiridos.

Nossas investigações, conduzidas sob as condições únicas e não replicáveis de uma transição para formas coletivas de trabalho e de uma revolução cultural, demonstram alterações fundamentais na atividade mental humana acompanhando as mudanças das formas básicas de atividade, a aquisição da leitura e o advento de uma nova etapa de prática sócio-histórica. Essas mudanças na atividade mental humana não se limitam a uma simples expansão de horizontes, envolvem também a criação de novas motivações para a ação e afetam radicalmente a estrutura dos processos cognitivos.

Uma característica fundamental das mudanças observadas é a alteração radical do papel da experiência gráfico-funcional direta que ocorreu na transição para o trabalho coletivizado, no surgimento de novas formas de relações sociais e na assimilação de princípios elementares do conhecimento teórico.

Além das motivações gráfico-funcionais elementares, vemos a criação de novas motivações que são construídas no processo de coletivização do trabalho, no planejamento conjunto do trabalho e na escolarização básica. Essas motivações complexas, que ultrapassam a atividade prática concreta, assumem a forma de planejamento consciente do próprio trabalho individual; começamos a ver interesses que ultrapassam as impressões imediatas e a reprodução de formas concretas de atividade prática. Essas motivações incluem o planejamento do futuro, os interesses da coletividade e, finalmente, uma quantidade de tópicos culturais importantes intimamente ligados à alfabetização e aquisição do conhecimento teórico.

Intimamente associadas à nossa assimilação de novas esferas de experiência social, mudanças dramáticas ocorrem na natureza de atividade cognitiva e na estrutura dos processos mentais. As formas básicas da atividade cognitiva começam a ultrapassar a fixação e reprodução da atividade prática individual e deixam de ser puramente concretas e circunstanciais. A atividade cognitiva humana torna-se uma parte do sistema mais amplo da experiência humana em geral tal como foi estabelecido no processo histórico da sociedade, codificado na linguagem.

A percepção começa a ultrapassar a experiência gráfica, dirigida a objetos, passando a incorporar processos

248

muito mais complexos que combinam aquilo que é percebido com elementos de um sistema de categorias abstratas, linguísticas. Mesmo a percepção de formas e cores muda, transformando-se em um processo no qual as impressões diretas são relacionadas a categorias abstratas complexas.

O modo geral de reflexão da realidade também sofre alteração radical. A identificação das características essenciais de objetos e sua inclusão em categorias de objetos com características semelhantes deixam de ser algo secundário e insignificante. Novas operações teóricas surgem — análise das propriedades das coisas, sua inclusão em categorias e assim por diante. Os processos de raciocínio começam a envolver mais e mais abstração e generalização. O pensamento teórico, "categórico", começa a funcionar ao lado das operações do pensamento prático, "circunstancial", ocupando um lugar proeminente, algumas vezes começando a dominar a atividade cognitiva humana. Gradualmente, vemos a "transição do sensorial para o racional" que a filosofia materialista moderna, como dissemos antes, tende a considerar um dos aspectos mais importantes do desenvolvimento da consciência.

Ao lado das novas formas de relacionamento abstrato, categórico, com a realidade, vemos também surgir novas formas de dinâmica mental. Anteriormente, a dinâmica do pensamento ocorria dentro dos limites da experiência prática imediata, e os processos de raciocínio limitavam-se, em geral, a processos de reprodução de situações práticas estabelecidas; vemos agora, como produto da revolução cultural, a possibilidade de fazer inferências não já apenas limitadas a experiência prática individual, mas também apoiadas em processos discursivos, verbais e lógicos.

Torna-se possível admitir hipóteses tais como elas se encontram formuladas na linguagem e utilizá-las para fazer inferências lógicas, independente do fato de as premissas fazerem ou não parte da experiência pessoal. A relação com o raciocínio lógico que ultrapassa os limites da experiência imediata passa por uma reestruturação radical; vemos a criação dos rudimentos do pensamento discursivo, cujas inferências tomam-se tão evidentes quanto aquelas derivadas da experiência pessoal direta. Todas essas transformações produzem mudanças na estrutura básica dos processos cognitivos, uma expansão enorme da experiência e a construção de um mundo muito maior no qual os seres humanos passam a viver. Além da esfera da experiência pessoal, vemos aparecer a esfera abstrata de experiência humana em geral, tal como se encontra estabelecida na linguagem e nas operações do pensamento discursivo. O pensamento humano começa a apoiar-se no raciocínio lógico amplo; a esfera da imaginação criadora toma forma, o que por sua vez expande enormemente o mundo subjetivo do homem.

Finalmente, ocorrem mudanças na autoconsciência da personalidade, que atinge o nível superior da consciência social e adquire novas capacidades de análise objetiva, categórica, das próprias motivações, ações, características intrínsecas e idiossincrasias. Assim, um fato até agora desconsiderado pela Psicologia toma-se aparente: as mudanças sócio-históricas não se limitam a introduzir novo conteúdo no mundo mental dos seres humanos; elas também criam novas formas de atividade e novas estruturas de funcionamento cognitivo. Elas promovem o avanço da consciência humana para um novo estágio.

Percebemos agora a falácia das velhas noções segundo as quais as estruturas fundamentais da percepção, representação, raciocínio, dedução, imaginação e consciência da própria identidade seriam formas fixas da vida espiritual que permanecem inalteradas em diferentes condições sociais. As características básicas da atividade mental humana podem ser entendidas como produtos da história social —

250

elas estão sujeitas a mudanças quando as formas de prática social se alteram; são portanto sociais em sua essência.

A Psicologia toma-se a ciência da formação sócio-histórica da atividade mental e das estruturas dos processos mentais que dependem absolutamente das formas básicas de prática social das etapas de desenvolvimento histórico da sociedade. As teses marxistas básicas sobre a natureza histórica da vida mental humana revelam-se assim em sua forma concreta. Isso é possível enquanto resultado das mudanças revolucionárias 1adicais que nos permitiram observar, num curto período, fundamentais alterações que levariam séculos para ocorrer em condições normais.

Os estudiosos que se propuseram a acompanhar nosso trabalho ao longo de sua preparação expressaram diversas vezes o desejo de ver novamente investigadas as populações pesquisadas de modo a possibilitar uma análise comparativa das alterações verificadas nos últimos quarenta anos. Embora essa sugestão seja bastante razoável, não nos sentimos obrigados a realizá-la.

Nossos dados demonstram quais mudanças importantes começaram a ocorrer na época de nossa pesquisa original, mudanças que já haviam ocorrido nos primeiros anos de revolução cultural para os habitantes das regiões mais remotas do nosso país. Desde então, o autor tem visitado frequentemente o Uzbequistão e testemunhado as enormes mudanças na vida cultural e social que ocorreram ao longo desses anos. Repetindo, pesquisar as mesmas localidades quarenta anos depois, ao longo dos quais os povos da Ásia Central saltaram, de fato, séculos, seria supérfluo. Um investigador que desejasse replicar nosso trabalho obteria dados pouco diferentes daqueles que obteria ao estudar os processos cognitivos dos habitantes de qualquer outra região da União Soviética.

Nos últimos quarenta anos, uma região remota e atrasada transformou-se em uma parte do nosso Estado socialista desenvolvida social e economicamente, e ao autor cabe expressar, junto com seu grupo de companheiros, sua satisfação por ter conseguido fazer suas observações num momento no qual essas transformações estavam apenas começando.

Referências Bibliográficas

ACH, N. *Über die Willenstà'tígkeit und das Denken*. Göttingen: Vandenhoeck and Ruprecht, 1905.

ALLEN, G. *The colour-sense:* Its origin and development. Boston: Houghton, Osgood, 1879.

AlLpon, G. W.; PETTIGREW, T. F. Cultual influence on the perception of movement: The trapezoidal illusion among Zulus. *Journal of Abnormal and Social Psychology*, 55, p. 104-113, 1957.

BEVERIDGE, W. M. Racil differences in phenomenal regression. *British Journal of Psychology*, 26, p. 59-62, 1935.

_____ . Some racial differences in perception. *British Journal of Psychology*, 30, p. 57-64, 1939.

BLONDEL, C. *La mentalité primitive*. Paris: Stock, 1926.

BOAS, F. *The mind of primitive*. Paris: Stck, 1926.

BROWN, R. W.; LENNEBERG, E. H. A study in language and cognition. *Journal of Abnormal and Social Psychology*, 59, p. 454-462, 1954.

BRUNER, J. S. Going beyond the information given. In: *Contemporary approaches to cognition: A symposium hel at the University of Colorado*. Cambridge: Harvard University, 1957.

BRUNSWICK, E.; KAMIYA, J. Ecological cue-validation of "proximity" and other Gestalt factors. *American Journal of Psychology*, 66, p. 20-32, 1953.

CONKLIN. H. C. Hanunoo color categories. *Southwestern Journal of Anthropology*, II, p. 339-341, 1955.

DEREGOWSKI, J. B. Difficulties in pictorial depht perception in Africa. *British Journal of Psychology*, 59, p. 195-204, 1968.

_____ . On perception of depicted orientation. *International Journal of Psychology*, 1968, 3, p. 149-156, 1968.

DURKHEIM, E.; MAUSS, M. *Primitive classification*. Chicago: University of Chicago, 1963.

ECCLES, J. C. Facing reality: Philosophical adventures by a brain scientist. *Heidelberg Science Library*, v. 13, New York: Springer-Verlag, 1970.

ELKONIN, D. B. *Child psychology*. Moscow, 1960 (in Russian).

GALPERIN, P. Y. The mental act as the basis for the formation of ideas and images. *Problems of Psychology*, 6, 1957.

GOLDSTEIN, K. *Language and language disturbances*. New York: Grune and Stratton, 1948.

GURGENIDZE, G. S.; LURIA, A. R. Philosophical adventures of an outstanding physiologist. *Voprosy filosofii*, 3, 1972.

HALLOWELL, A. I. Cultural factors in the structuralization of perception. In: ROHRE, J. H.; SHERIF, M. (eds.). *Conference on social psychology at the cross-roads*. New York: Harper, 1951.

_____ . *Culture and experience*. Philadelphia: University of Pennsylvania, 1955.

HOIJWE, H. (ed.). *Language in culture: Conference on the interrelations of language and other aspects of culture*. Chicago: University of Chicago, 1954.

HuNt, E. B. *Concept learning*. New York: Wiley, 1962.

LENNEBERG, E. H.; ROBERTS, D. The language of experience. Memoir 13, Indiana University Publications in Anthropology and Linguistics. *Suplement to International Journal of American Linguistics*, v. 22, Baltimore: Waverly, 1956.

LEROY, O. *La raison primitive*. Paris: Geuthner, 1927.

LÉVI-STRAUSS, C. Social structure. In: KROEBER, A. L. (ed.). *Anthropology today*. Chicago: University of Chicago, 1953.

LÉVY-BRUHL, L. *Primitive mentality*. New York: Macmillan, 1923.

LINDSAY, P. H.; NORMAN, D. A. *Human information processing: an introduction to psychology*. New York: Academic, 1972.

LURIA, A. R. "The brain consciouns experience". A critical notice of the symposium edited by J. C. Eccles (1966). *British Journal of Philosophy*, 58, p. 467-476, 1967.

LURIA, A. R.; TSVETKOVA, L. S. *Neuropsychological analysis of problem-solving*. Moscou, 1966 (in Russian).

MAGNUS, H. *Die geschictliche entwicklung des farbensinnes*. Leipzig, 1877.

_____ . *Uber ethrologische untersuchungen des farbensnnes*. Berlin, 1883.

_____ . *Untersuchungen fiber den farbensinn der naturvölker*. Jena, 1880.

RAY, V. F. Techniques and problems in the study of human color perception. *Southwestern Journal of Anthropology*, 8, p. 251-259, 1952.

RIVER, W. H. R. Primitive color vision. *Popular Science Monthly*, 59, p. 44-58, 1901.

_____ . Observations on the sense of the toads. *British Journal of Psychology*, 1, p. 321-396, 1905.

_____ . *Psychology and ethnology*. New York: Harcourt, Brace, 1926.

SEGAL, M. H.; CAMPBELL, D. T.; HERSKOVITS, M. J. *The influence of culture on visual perception*. Indianapolis: Bobbs Merril, 1966.

TYLOR, E. B. *Primitive culture*. London: J. Murray, 1891.

VIRCHOW, R. Uber die nubier. *Zeitschrift für Ethnologie*, 1878, 10, 1879, II.

VYGOTSKY, L. S. *Thought and language*. Cambridge: Massachusetts Institute of Technology, 1962.

WHORF, B. L. *Language, thought and reality*. Cambridge: Massachusetts Institute of Technology, 1956.

WOODWONH, R. S. Color sense in different races of mankind. *Proceedings of the Society for Experimental Biology and Medicine*, 1905-1906, 3.

YARBS, A. L. *Eye movements and vision*. New York: Plenum, 1967.

ZAPOROZHETS, A. V. *Development of voluntary movement in children*. Moscou, 1960 (in Russian).